南方熊楠と岡本太郎

――知の極北を超えて

唐澤太輔×石井匠

以文社

南方熊楠と岡本太郎

目次

まえがき　唐澤太輔　2

第一章　神秘の森へと誘われて
南方熊楠と岡本太郎、それぞれの海外体験　10
海外での青春　26
異文化に触れて　34
神聖な遊びと秘密結社アセファル　38
森の中の神秘的な体験　53
南方熊楠の「直入」、岡本太郎の「爆発」　60
「モダン・ワールド・ビュー」と「プライマル・ワールド・ビュー」の往還　70
誤読することと肉体言語　82
森に入ることと森から出ていくこと　86

第二章　南方家の人々、岡本家の人々

南方熊楠と岡本太郎の家族関係　98
南方熊楠と南方家　108
岡本太郎と岡本家　112
熊楠と太郎の幼少期　116
不思議な体験を真剣に受け取る　119
主客未分の世界の中で創作すること　127
言語の限界、主客合一の世界、根源的な無への不安　135

第三章　南方熊楠という方法／岡本太郎という方法

顕微鏡一台で広大な宇宙をフィールドワークする　142
縄文と沖縄から日本人の根源をフィールドワークする　146
「何もない」空間の経験　151
岡本太郎のカメラ、南方熊楠のスケッチ　160
物に触れるということ　173

第四章　性と政治——体制と伝統に対決する南方熊楠と岡本太郎

ミューズとしての母・かの子の面影　186
自分の片割れとしての羽山兄弟　190
南方熊楠と神社合祀反対運動　195
岡本太郎の反文明論　199
国家の枠組みに収まらない南方熊楠と岡本太郎　202
スケールフリーの宇宙と思想　206

第五章　粘菌と縄文

岡本太郎と縄文　216
南方熊楠と粘菌　220
対称性の次元で生きる南方熊楠と岡本太郎　226
制作と人格化　236
南方熊楠と岡本太郎の存在論的転回　246

第六章　未来の南方熊楠、未来の岡本太郎

南方熊楠研究の現在　254
岡本太郎研究の現在　257
現代科学を乗り越えるための南方熊楠と岡本太郎　263
生きるための南方熊楠、生きるための岡本太郎　271

あとがき　石井　匠　280

南方熊楠（みなかた・くまぐす　一八六七―一九四一年）

日本における民俗学、粘菌（変形菌）研究の先駆的人物。知の巨人、エコロジーの先駆者とも呼ばれる。和歌山城下に生まれ、大学予備門（現東京大学）を中退後、アメリカ、キューバ、イギリスを十四年に渡り遊学。さまざまな言語を使いこなし、科学雑誌『ネイチャー』をはじめ、生涯にわたり国内外で膨大な数の論文を発表。明治末期、政府が推進した神社合祀政策に反対し、鎮守の森や史跡の保護を訴えた。友人の土宜法龍へ宛てた書簡に記された「南方マンダラ」は、彼の深遠な宇宙観を表している。

写真：自宅二階での南方熊楠（一九三三年）　南方熊楠顕彰館（田辺市）所蔵（部分）

岡本太郎（おかもと・たろう　一九一一—一九九六年）
日本における前衛芸術の旗手。神奈川県川崎市に生まれ、東京美術学校（現東京藝術大学）を中退後、一九二九年に渡仏し、三〇年代のパリで前衛芸術運動に参画。パリ大学でマルセル・モースに民族学を学び、ジョルジュ・バタイユらと行動をともにした。パリ大学卒業。戦後日本で前衛芸術運動を展開し、問題作を次々と社会に送り出す。縄文土器と邂逅し、翌年「縄文土器論」を発表。以後日本各地を取材し、数多くの写真と論考を残した。七〇年大阪万博のテーマプロデューサーに就任。《太陽の塔》を制作し、国民的存在になる。今も、若い世代に大きな影響を与え続けている。

画像提供：公益財団法人岡本太郎記念現代芸術振興財団

カバー／帯　写真

【南方熊楠】
自宅二階での南方熊楠（一九三三年）　南方熊楠顕彰館（田辺市）所蔵（部分）

【岡本太郎】
画像提供：公益財団法人岡本太郎記念現代芸術振興財団

装幀：近藤みどり

南方熊楠と岡本太郎——知の極北を超えて

まえがき

唐澤太輔

南方熊楠と岡本太郎は似ている。両者に直接的な接点はなかった。にもかかわらず、なぜか似ているということを、私たちの多くは知っている。ただし、知ってはいても、十分に「理解」はしていない。両者の共通点は、豪放磊落《ごうほうらいらく》なところか、パフォーマティブなところか、奇人変人なところか。表面的にはそのような点をあげることができるかもしれない。では、そのような彼らの性格・特徴を育んだ背景には何があるのだろうか。正直なところ、私自身（おそらく石井匠さんも）、それが何であるのかはっきりと理解しないまま対談は開始された（二〇二〇年九月三十日、十月二十八日、十二月十七日にＺＯＯＭで実施）。そして、お互いの知り得る熊楠と太郎を広げ、重ね合わせ、そこに見られる同系色や新たに生じた混合色について語り合った。当然のことながら、私たちは、熊楠、太郎の全てを知っているわけではないし、私たちの対談はこれが初めてということもあり、最初はかなり手探りであった。もちろん私たちは研究者として歴史的事実（情報）に基づいて話をしているが、それでもやはりそこには石井さんと私の主観（意味）が入り込んでいる。そして私たちはそれをここで十分に共有し合った。この間主観的な交流が対談の醍醐味である。情報の交錯よりも意味の交錯。これが顕著に現れるのが対談というライブ形式の面白さだと思う。

熊楠と太郎という二人の巨人の思想的連関を捉えようとする本書の試みは、例えば、井筒俊彦が『意識の形而上学――『大乗起信論』の哲学』（中央公論社、一九九三年）などで取り組んだ「共時論的構造化」に似ている。つまり、時代的に異なる東洋哲学の根源的パターンを一度そっくりその身に引き受け主体化し、その上で新しい哲学的視座を打ち立てようとする試みである。本対談では、まさに熊楠と太郎の連関が浮き彫りにされた。同時に両者の差異も明らかとなった。

さまざまな局面で対立と緊張あるいは行き詰まりが見られる現代社会において、彼らの思考法やスタンスを再考することは、それらの打開策を見出す上でも大きなヒントになるだろう。二人は、モダン・エイジ（近代）あるいはマシン・エイジ（機械時代）、そして太郎に至ってはアトミック・エイジ（核の時代）の黎明期を生きつつ、既にその隘路《あいろ》を予見していた。熊楠＝太郎的アプローチ、つまり人間存在そして生命への対峙の仕方は、極めて本質的なものである。それを一言で表すならば、自分以外のものたちへのダイナミックな優しさではないだろうか。開かれた寛容性とも言える。二人はこれを見事に体現している。そして、AIエイジとも言える時代を生きる私たちにとって、この人間としての柔らかさと温かさに基づく開かれた寛容性は、ますます重要になってくるであろう。

二つの巨星は、今もなお輝きを失っていない。むしろその輝きに導かれて、若い世代は新しい思考を始めつつある。実際、熊楠が心を奪われた粘菌の不思議さや、太郎が見出した縄文土器の美に惹かれて、私の研究室を訪ねてくる学生たちも年々増えてきている。彼ら彼女らは皆、今こそ人間の初源的あり方を見直すことが重要であること、そしてそのヒントが熊楠と太郎（そして彼らが眼差したものたち）にあることを知っているのだ。あるいは、アート的な手法によるそれらの再考（再興）の可能性に鋭く感づいている。

＊　＊　＊　＊

本書は、熊楠と太郎の人生において最も大きな出来事であったと言っても良い海外留学（遊学）の話題から始まる。二人は、どのような経緯で海外へ行き、何を体験したのか。また、第一章では、彼らのいわゆる「神秘主義的思想」の根幹に迫る。熊楠はロンドンで英国心霊現象研究協会（The Society for Psychical Research）の存在を知り、太郎はパリでジョルジュ・バタイユの秘密結社アセファル（Acéphale）に入会している。熊楠の場合は帰国後になるが、ＳＰＲの重鎮フレデリック・マイヤーズの思想的影響を大きく受けていることは、彼の論考や書簡、日記などから明らかである。太郎もアセファルから強い影響を受けており、エッセイなどでもそのことを表明している。二人の「魂への視座」を語る際、両組織の存在を欠くことはできない。その視座とは、リチャード・タルナスの言う「プライマル・ワールド・ビュー」とも共通する。自己と世界との回路が開くその場の直接的かつ最も純粋なあり方を熊楠は「直入」と言い、太郎は「爆発」と表現したのである。そこには、今この「瞬間」にのみほとばしる力そのものがある。

第二章は、熊楠と太郎の家族や生育環境から話が始まる。彼らが自己を形成していく中で、父母そして学校の先生から受けた影響は計り知れない。彼らはさまざまな意味において豊かな環境の中で育ち、一個人として強烈なキャラクターを確立していった。面白いのは、彼らは自己を形成するだけではなく、その枠を溶かして他者へと浸透する「とき」の豊饒さと不思議さを深く実感していたことである。その「とき」とは、まさに「瞬間」である。過去―現在―未来というリニアな時間軸を解体した「瞬間」のあり方について、二人はくどいまでに強調して述べている。

その「瞬間」を実感するために、例えば、熊楠はルーペや簡易顕微鏡を持って森へ入っていった。そして粘菌という微小な（ミクロな）生物の中にマクロコスモスを見ていた。太郎はカメラを持って現場へ赴いた。カメラで対象を射抜き、そこに普遍的な美を見ていた。彼らには、対象へ深く入り込むための特徴的な「武器」があったのだ。第三章は、この事実を皮切りに話題が展開する。また本章では、対象を深く知るためには、視覚のみならず「触れる」ことが極めて重要であることが議論された。例えば、熊楠は「tact」を重視した。彼は「tact によって「やりあて」は可能になる」と言う。「やりあて」とは、熊楠の造語で、偶然の域を超えた発見や発明、的中のことである。「tact」は、ふつう、「適否を見極める鋭い感覚」などと訳されるが、これはラテン語の「tactus」すなわち「触覚」から派生した語である。つまり触覚こそ、世界を鋭敏に感じ取る最重要器官なのだ。「やりあて」るためには触覚的要素が欠かせないのである。

第四章では、「性」に関して、二人がどのような認識を持っていたのかが話題としてあがった。太郎による母かの子への愛情や、熊楠による羽山兄弟への愛情は、通常の枠内で収まるものではなかった。彼らの言説からは、愛の対象は、永遠に自身の欠如を補う者（補完者）であったということがまざまざと見えてくる。政治活動に関しても、二人は常識的な枠組みに収まらなかった。両者とも極端に「垣根のない人間」だったのだ。熊楠は、動植物との緊密な関係が切断されることに対する憤りから神社合祀反対運動を展開した。太郎は、一人の「人間」として進歩主義に異を唱え、万博会場の大屋根を文字通りぶち抜いた。両者の、垣根を無化するほど強烈なバイタリティは、我々が「ふつう」と考えている（もしくは深く考えもしないほど浸透しきった）偏狭な枠組みへ疑問を投げかける。

熊楠は粘菌に、太郎は縄文土器に、出会うべくして出会った。それぞれの出会いはまさに「やりあて」だったと言える。第五章では、二人が粘菌や縄文土器を対象的ではなく対称的に捉え、そこに初源的な同一性を感得していたことを議論した。それを感得できる次元へ潜っていく手法を私たちが知るためには、まずもって彼らの（ときに支離滅裂でときに超絶的に美しい）言葉を、真摯に、丸ごと受け止めることが必須である。

第六章では、歴史学的な南方熊楠研究、美術史的な岡本太郎研究を超えた、思想的、哲学的な面からの研究の必要性を話し合った。熊楠が那智山で何度も経験したパラノーマルでシンクロニックな体験、もしくは太郎の言う「四次元との対話」とはいかなるものなのか、私たちは今一度真面目に考える必要がある。
知の「極北」たる二人の美しい言葉をどのように受け止めるか、私たちには、その姿勢が問われているのだ。もちろん「極北」とはいえ、私たちは同じ「人間」である。だから、彼らの思想や体験の意味をきっと「理解」できるはずだ。さらに私たちは、いずれそれさえも超えていかねばならない。その道のりはとてつもなく長そうだが、本書をもってそのスタートは切って落とされた。

素晴らしい感性と同時にそれを極めて的確な言葉で表現できる稀有な研究者・石井匠さんとの対談の機会を作ってくださった以文社の大野真さんに、ここで改めて感謝の意を表します。

第一章　神秘の森へと誘われて

南方熊楠と岡本太郎、それぞれの海外体験

――南方熊楠と岡本太郎。直接の接点はおそらくないであろう、この二人の日本人は、熊楠が「日本人の可能性の極限」と呼ばれたように、いずれも当時の「日本人」の枠を大きく超えた存在です。両者は共に、その前半生は積極的に「外」へと出ようとしているように思えます。しかし、後半生においては、日本を活動の拠点とし、日本について論じることもしばしばだったと思います。つまり、熊楠が「南方熊楠」となった、太郎が「岡本太郎」になった契機として、海外、異文化、特にヨーロッパで学んだ経験がやはり大きかったのだろうということです。まずこの対談の皮切りとして、一つの通過儀礼としての、外部体験のようなものから、お話しいただけますでしょうか。

唐澤：はい。私も、熊楠の外部体験としての海外遊学は、彼の人生そしてアイデンティティに大きな影響を与えたと思っています。十四年に渡る海外経験がその後の人生に影響を与えなかったはずはありません。まずは簡単に、熊楠の海外遍歴をお話ししますね。

熊楠は、東京大学予備門（現東京大学教養学部）をドロップアウトして、一八八六年に、サンフランシスコに渡っています。ドロップアウトしたのは、ひどい頭痛が理由だったようですが、その前に期末試験で代数の点数が足を引っ張り落第もしています。当時十九歳だった熊楠は、渡米に際して開かれた送別会で、社会進化論を意識したなかなか気概のある演説をしています。そこからは、彼が、人間社会の中での競争と淘汰、いわゆる「社会ダーウィニズム」を信じ、憂国の志を抱いて渡米するのだという意気込みが感じられます。これは、当時の日本の社会的論調に沿ったものとも言えます。しかし、熊楠はその後、ダーウィンはもちろんハーバート・スペンサーなどの著作を読み漁り、また直に欧米社会に触れる中で、リニアな「進化」という考え方に大きな疑問を抱くようになります。

渡米前の南方熊楠（1886年）南方熊楠顕彰館（田辺市）所蔵

また、こぞって「進化」を良しとし、人間も人種などによってランクづけするような風潮に、特に「外国人」の熊楠は、気持ち悪さという か居心地の悪さを肌身をもって感じていました。のちに彼は、「退中に進あり、進中に退あり、退は進を含み、進中すでに退の作用あるなり」[*1]などと言うようになります。これは、いわゆる「幼体進化（ネオテニー）」というものですね。この思想的影響は、文芸評論家の安藤礼二さんが、動物学者のエドウィン・レイ・ランケスターや古生物学者のエドワード・ドリンカー・コープによるものだと言っています。[*2]

渡米した熊楠は、パシフィック・ビジネス・カレッジという商業系の学校に入学しますが、半年ほどで去っています。彼はのちに「商業学校に入りしが、一向商業を好まず」[*3]と、元も子もないことを言っていますね（笑）。熊楠の父親の弥兵衛は非常に商才のある人物でした。酒造業で成功を収め、和歌山を代表するほどの富豪に成り上がっています。弥兵衛は、家督を長男の藤吉に譲りますが、この長男は、熊楠によると「無類の女好き」[*4]で、金遣いも荒かったようです。一方、次男の熊楠は熊楠で、金銭には無頓着でした。結局、弥兵衛の事業は、三男の常楠が継ぐことになります。ただ、莫大なお金をかけて熊楠を海外に送り出した父としては、やはり、ビジネス・カレッジで商売のことなどを学んで、帰国後は弟の手伝いをしたり、もしくは新たに事業を展開したりしてほしいという希望もあったのではないかと思いますね。しかし、商業は熊楠の性に合いませんでした。天才と呼ばれる熊楠ですが、実は彼は数字を扱うことがどうも苦手だったフシがあります。熊楠研究者の田村義也さんも指摘していますが、[*5]彼の日記などのメモ書きを見ると、洋書などの購入金額の合計を間違って記入したり、暗算できそうな簡単なものを何度も筆算した痕跡があったりします。中学校時代の成績も「簿記」「幾何」といった数字を用いることが重視される科目は最下位だったりします。私は、このような人が、ビジネス・カレッジに入るのはかなり致命的だったのではないかと想像します。

石井：天は二物を与えずですね。

唐澤：熊楠は、その後、ミシガン州立農学校に入学します。ここは、現在のミシガン州立大学の前身となったところです。熊楠としては、ここでなら自分が一番興味のある植物学や生物学も学べるだろうという見込みがあったのかもしれません。しかし結局、ここも一年足らずで退学してしまいます。その後、キューバへ採集旅行をしています。そこで熊楠は生物採集の傍ら、当地を巡行中だったサーカス団とも親交を深めています。アメリカに戻った熊楠は、しばらくしてロンドンに渡ります。そして、有名な大英博物館に出入りするようになります。しかし、博物館の研究室に正式に所属したり、常勤のスタッフになったりすることはありませんでした。

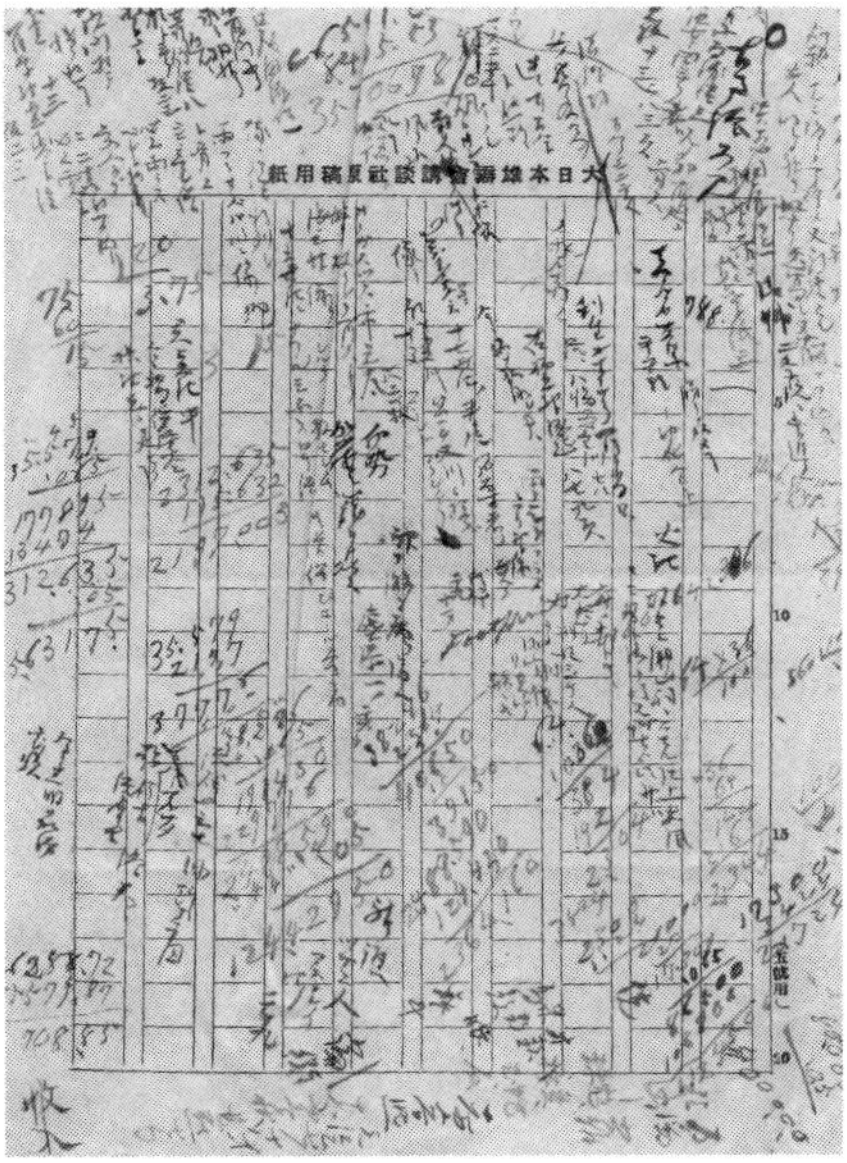

熊楠による筆算メモ
南方熊楠顕彰館（田辺市）所蔵

ときどきアルバイト的に資料整理などを手伝ってお金をもらうことはありましたが。ただ、大英博物館での彼の研究の勢いは凄まじいものでした。古今東西の書籍を読み漁りノートに抜き書きをしています。そして、英語で論文を書き始め、現在でも有名な科学雑誌*Nature*に「東洋の星座」(The Constellation of the Far East)という論文が掲載されたことをきっかけに、他の研究者たちからも認知され、また知遇を得るようになります。

実は、ロンドン時代、熊楠にはケンブリッジ大学の助教授職に就かないかという話があったようです。しかし、イギリスとトランスヴァール共和国・オレンジ自由国に住むオランダ系アフリカーナーとの間に生じた戦い、いわゆるボーア戦争による混乱のあおりを受けて、結果としてその話は流れてしまいますが……。その後、日本に帰国してからも、現在の種智院大学——当時は真言宗高等中学林でしたが——の教授にならないかという話もありました。しかし、熊楠はなんだかんだはぐらかし、その話も立ち消えになります。

このように、熊楠は生涯、機会があっても大学や研究機関に正式に所属しませんでした。在野の研究者、在野の学者、あるいは中央に対する周縁の学者を貫いたわけです。

後年、熊楠はこんなことを言っています。「人となれば自在ならず、自在なれば人とならずで、自分は至って勝手千万な男ゆえ辞退して就職せず、ただ館員外の参考人たりしに止まる[*6]」。就職してしまったら、それまでのように自由に動けなくなってしまう。しかし、自分の思いのままただ自由に動くだけだと、この社会の中では「一人前」の人として認められなくなってしまう。熊楠は後者を選びました。彼は、あらゆる束縛を嫌ったわけですね。つまり、彼にとっては「自由」であることが最も重要でした。これが熊楠の生涯を通じての基本的な姿勢だったと思います。そして熊楠は、「自在」（思いのままの在り方）を重視しすぎたがゆえに、「人」としての通常のあり方から外れることもしばしばでした。「流れ」に逆らうことも厭わなかったので、まわりからはよく「変人」「奇人」扱いもされました。

石井：なるほど。岡本太郎も奇人・変人扱いをされてきましたが、太郎の海外体験も、熊楠とほぼ同じ年齢の十八歳でフランスに渡っているという点では似ています。学歴は、熊楠が東京大学予備門をドロップアウトした事情とは異なるのですが、太郎も、今の東京藝術大学美術学部の前身であった当時の東京美術学校を、入学したその年にドロップアウトしています。

＊1　南方熊楠「一九〇一年八月十六日付土宜法龍宛書簡」『南方熊楠 土宜法龍往復書簡』（飯倉照平、長谷川興蔵編）八坂書房、一九九〇年、二五〇頁（以下『往復書簡』と略記）。
＊2　安藤礼二『熊楠——生命と霊性』河出書房新社、二〇二〇年、一一頁参照。
＊3　南方熊楠「一九二五年一月三十一日付矢吹義夫宛書簡」『南方熊楠全集』七巻（岩村忍、入矢義高、岡本清造監修）平凡社、一九七三年、八頁（以下『履歴書』と略記）。
＊4　『履歴書』二二頁。
＊5　田村義也「南方熊楠の生涯」中瀬喜陽編『南方熊楠——森羅万象に挑んだ巨人』（別冊太陽 日本のこころ一九二）平凡社、二〇一二年、三三頁。
＊6　『履歴書』一五頁。

一説によると、太郎はその年の主席で、東京美術学校西洋画科に入学したそうですが、ドロップアウトしたのは、父親の岡本一平[7]の仕事がきっかけです。一平に勤務先の朝日新聞社からロンドン軍縮会議取材へ行くようにとの命令が下り、一家で渡欧することになったのが、太郎のドロップアウトの理由です。岡本一家は、フランスのマルセイユを経由してパリに到着し、そこから一平と母親の岡本かの子[8]は息子をパリに残してロンドンへ向かいます。太郎は芸術家として独り立ちすべく、パリでの生活を始めるのですが、まずはフランス語を話せないとどうにもならない。そこで、パリ郊外のセーヌ県ショワジー・ル・ロワのパンシオン・フランショというリセの第三級（日本の高校に相当）に、太郎は二十歳で寄宿生として入学し、年下の子たちと机を並べて地理や歴史、数学、唱歌などを学んだそうです。そこでフランス語も覚えたのでしょうね。その後、両親は帰国し、太郎は独りパリに残ります。

当時のパリには、父・一平が

岡本一家（1929 年 12 月 5 日渡欧前神戸港出帆の箱根丸船上にて）
画像提供：公益財団法人岡本太郎記念現代芸術振興財団

東京美術学校時代の同窓で親しかった画家の藤田嗣治もいて、時折、太郎の面倒も見ていたようです。太郎の推測では、パリに留学していた日本人の絵描きたちは、当時、数百人はいたらしく、彼らは日本人だけで固まってフランス語を一切話さず、パリらしい印象派風の静物画や風景画、裸婦をモデルにしたマチス風のものまね絵画などを描いていた。太郎はそれに対して「血肉の中に熱く深いかかわりも持たずに、手先だけで格好をつけたイメージを描いたって、何の意味があるのか。それを持って帰って、日本で成功することのみを考えている。そんな功利的な野心は、芸術家として許せない」[*9]と憤慨しています。

当時はパリから帰国すれば箔がつき、パリの新しいパターンを日本に持ち帰るだけで斬新だともてはやされる、俗にいう凱旋帰国というやつですね。それが当時の芸術留学後に売れるお決まりのパターンだったのかもしれませんが、パリに留学できる人々は当時のエリートです。岡本太郎は、母・かの子ゆずりの芸術至上主義者ですから、そのような浅薄な功利主義者のエリート連中とはそ

＊7　東京美術学校西洋画科卒業。在学中の同級で友人に画家の藤田嗣治がいる。北澤楽天と並ぶ現代漫画の創始者の一人であり、「総理大臣の名は知らなくとも、岡本一平の名を知らぬ者はいない」と言われるほど一世を風靡した。

＊8　跡見女学校卒業（現・跡見学園女子大学）。歌人・小説家・仏教研究者。太郎がパリ滞在中の一九三九年に四十九歳で他界。かの子の芸術至上主義は、息子の太郎に大きな影響を与えた。

＊9　岡本太郎「抽象芸術運動」『太郎誕生――岡本太郎の宇宙2』筑摩書房、二〇一一年、二五三頁。

りが合わないし、「日本を背負っているのに群れてばかりのお前らは、いったい何をしにパリに来てるんだ?」というような思いが先に立っていたのでしょう。太郎が寄宿学校に入ったのは、「そのような惰性的雰囲気とは離れて、まず無条件でこの土地にとけ込み、絶対存在として生きたいと思った。そこから世界的な視野を発見したい」[*10]と言っているように、群れる日本人から離れ、語学だけでなく、全身でパリに溶け込むための選択でもあったのだと思います。

唐澤：世界的な視野……。すばらしい心意気ですが、いろいろと苦労もあったでしょう。

石井：そうでしょうね。実際、一九三〇年一月にパリに到着してからの約二年半、著名な芸術家の両親をもつ太郎は、責任感と重圧にがんじがらめになり、モデルを雇って描いてはみるものの、迷い、悩み、苦しみもがき、絵を描くこともままならなかったそうです。一九三二年一月、滞欧中に時折会っていた両親が帰国し、その半年後の夏に転機が訪れます。

ふと思い立って見に行ったポール・ローザンベールという画商店で、パブロ・ピカソが一九三一年に描いた《水差しと果物鉢》に出会います。その時の感動を太郎は「これだ!　全身が叫んだ。──撃って来るもの、それは画面の色や線の魅力ばかりではない。その奥から逞しい芸術家の精神がビリビリとこちらの全身に伝って来る。グンと一本の棒を呑み込まされたように絵の前で私は身動きが出来なかった」[*11]と語っています。

太郎は、ピカソ作品との邂逅によって初めて抽象画というものを知り、それまで迷い苦しみ、暗中模索していた画家の道に一筋の光明がさします。抽象画こそが「伝統や民族、国境の障壁を突破

岡本太郎《空間》1934/54（再制作）年（油彩・キャンバス）
画像提供：公益財団法人岡本太郎記念現代芸術振興財団

岡本太郎《痛ましき腕》1936/49（再制作）年（油彩・キャンバス）
画像提供：公益財団法人岡本太郎記念現代芸術振興財団

できる真に世界的な二十世紀の芸術様式だ[*12]」と、それまで霞がかっていた己の道がパッとひらいた。太郎は抽象画という世界共通言語を手に入れることで、日本人であろうがなかろうが国境も民族も関係なく、誰でも世界で勝負ができる、と確信したんですね。

こうして抽象絵画に目覚めた太郎は、次々と作品を描き始め、展覧会に出品した作品が新聞雑誌などの批評で取り上げられるようになります。当時隆盛していたシュルレアリスムに対抗する純粋抽象を目指した抽象芸術運動の団体アプストラクシオン・クレアシオンのメンバーの目に止まり、協会から勧誘を受けます。メンバーは、今では巨匠と呼ばれる芸術家たちですが、有名どころでいえば、ワシリー・カンディンスキーやジャン＝アルプ、ピート・モンドリアン、太郎の親友となるクルト・セリグマンなどです。太郎はこの団体に最年少の二十代で参加したのですが、この会の展覧会で発表したのが、初期作品の《空間》（前頁上段）や《コンポルトアン》です。

アプストラクシオン・クレアシオンは数年で解散してしまうのですが、太郎は解散直前、この会派のご法度である具象的要素を作品に描き込み始めることで、反対陣営のシュルレアリスム的な傾向を強めていき、会を脱退します。その延長線上で、一九三六年に太郎が描いた《痛ましき腕》（前頁下段）を見た詩人のアンドレ・ブルトンから、国際シュルレアリスム展への出品を勧められることになるのですが、これは一九三八年に実現しています。数多くのシュルレアリストたちと交遊もあり、シュルレアリスム運動への勧誘もあったようですが、太郎は「芸術」という枠に閉ざされた組織への疑念から断っています。

唐澤：ジョルジュ・バタイユと出会ったのは、いつですか。

石井：ブルトンからの誘いに先立つこと九カ月くらい前に出会っています。当時、犬猿の仲だったバタイユとブルトンは一時的に接近し、反ナチス、反ファシズムの政治結社コントル・アタックを結成したのですが、その集会に太郎は友人のシュルレアリストのマックス・エルンストに誘われ、オブザーバーとして参加します。そこでレクチャーをしたバタイユに「全身がひきつけられる思いがした」[*13]と言っているように共鳴し、その感動を周囲の友人知人に話していたら、やがてバタイユのほうから誘いを受け、話してみると意気投合、二人は最初からうち解けたそうです。

やがてバタイユとブルトンは再び決裂し、バタイユはシュルレアリスムと袂を分ち、独自の深い結束を目指した運動を展開し始めます。バタイユは、多様な分野の知識人や芸術家たちに声をかけ、無痛革命を目指す社会学研究会と秘密結社アセファル（無頭人）を立ち上げ、そこに太郎も勧誘され、一九三八年に参加しています。太郎は、こうしたさまざまな芸術思想運動への参加以外に、パリ大学の哲学講義などを聴講していたようですが、一九三七年に絵筆を捨てて正式にパリ大学に入

＊10　岡本前掲書。
＊11　岡本太郎「ピカソ発見」前掲書、四〇九頁。
＊12　岡本前掲書、四一三頁。
＊13　岡本太郎「バタイユとの出会い」『岡本太郎の本1――呪術誕生』みすず書房、一九九八年、二二八頁。

学します。フランス民族学の父と称されるマルセル・モースのもとでオセアニアをフィールドに選び、社会学や民族学（人類学）を学び、帰国直前に卒業しているんですね。なので、日本では今の東京藝術大学をドロップアウトしていますが、太郎の最終学歴はパリ大学卒業です。しかし、一九三九年に第二次世界大戦が開戦し、ナチスドイツ軍がパリに侵攻してくる直前に郊外に脱出し、パリ陥落の知らせを聞いた後、一九四〇年六月、太郎は船に乗り、連合国の敵国である日本へ覚悟を決めて帰国します。

岡本太郎の第一の外部体験をフランスでの芸術修行とすると、第二の体験は、徴兵制による最前線への出征でしょう。帰国後、アラサーの太郎は、現役初年兵として徴兵され、一九四二年一月に中国戦線へ自動車部隊として送り込まれることになり、敵国の思想にかぶれた三十過ぎのオッサンである太郎は、十代、二十代の若者に混ざって、初年兵として徹底的にしごかれます。太郎は当時のことを「冷凍された五年間」[*14]と呼んでいますが、僕らの想像を絶する過酷な体験をしたのち、中国の収容所での一年間の俘虜生活を経て、一九四六年六月に命からがら復員します。どうにか生き延びて帰ってきたものの、青山の実家は戦火により焼失してしまい、戦前に描いた作品のすべてを失ってしまったことを知った太郎の気持ちを、僕は想像ができません。

先ほどの唐澤さんのお話で、熊楠の「人となれば自在ならず、自在なれば人とならず」という言葉がありましたが、岡本太郎にとっても自由を束縛されることは大きなストレスであったでしょう。というより、人間として生きる尊厳を奪われた戦争体験は、その後の岡本太郎の思想や芸術にも大きな影響を及ぼした外部体験だったと思います。

唐澤：とても興味深い名前や言葉がたくさん出てきましたね。そして、熊楠も太郎に通じているところが確かにあると思う一方で、やはり異なっているところも多いと感じました。

まず、熊楠には兵役経験がありません。そして、なんでも赤裸々に語る熊楠ですが、徴兵に関しては生涯口を閉ざしている感があります。もし仮に兵役に就いたとしても、学校という場にすら馴染めなかった熊楠が、個人の自由が極度に制限される軍隊でうまくやっていけたとは到底思えません。おそらく熊楠自身もそのことは自覚していたはずです。同調圧力に流される生き方ができない人間でしたし。

実は、熊楠が長期間海外へ遊学したのは、徴兵逃れのためだったのではないか、と言われることもあります。[*15] この辺りは、故飯倉照平さんの研究が詳しいです。[*16] 日本は一八七三年に徴兵令を出して、国民皆兵の制度を導入します。満二十歳になる男子は皆、徴兵検査を受けるのが義務付けられていくわけです。熊楠はどうやら徴兵されるのを忌避していたようです。あるいは、家族の反対もあったかもしれません。熊楠みたいな「変人」が徴兵されて軍隊に入ると、それはまあ大変だろう

＊14　岡本太郎「〝冷凍された〟五年間」前掲書、二三九―二四一頁。
＊15　仁科五郎『南方熊楠の生涯』新人物往来社、一九九四年、五三頁参照。
＊16　飯倉照平『南方熊楠――梟のごとく黙坐しおる』ミネルヴァ書房、二〇〇六年。

家族も慮《おもんぱか》っていたかもしれませんね。熊楠はカッとなると暴力的になる性格でした。私の嫌いな熊楠の一面です。また喧嘩相手には反吐を吐きかけるという特技を持っていました。軍隊に入って、気に入らない上官に向かって反吐なんかを吐きかけたら、これはもう大変なことですから、家族もかなり思案したのではないかと思いますね。

当時、徴兵の義務から免除される者は「一家の主人たる者」「嗣子《しし》並びに承祖《しょうそ》の孫」（承継者）「養家に住む養子」とされていました。次男の熊楠は、一家の主人でも家督の継承者でもありませんでした。しかし、熊楠が残している記録などを見ると、どうやら山崎庄兵衛という人物の家の養子になるという話があったようです。[*17] 明治二十年前後、つまり熊楠が十九〜二十歳の頃の話です。この人物は和歌山一の富豪と言われていました。この「計画」を主導したのは、やはり熊楠の父や山崎家でしょう。色々と不明な点が多いのですが、結局お流れになります。もし熊楠が山崎家の養子になっていたら、この家は没落していたでしょうね。熊楠はカリスマ性に溢れる人間でしたが、家督を継いで家業を切り盛りしていくタイプとは程遠かったので。もしくは、既に山崎家が傾きつつあって「計画」は中止になったのかもしれません。もちろん、これは推測の域を出ませんが。

徴兵を逃れるための残された方法は、海外に出ていくということ。徴兵を逃れるためだけに渡米したということではないでしょうが、「自在」であるためにはどうしても兵役だけは避けなければならなかったという理由もあったと思いますね。

石井：熊楠の徴兵逃れ目的の遊学、という話でふと思ったのは、岡本太郎が両親と一緒にパリに渡ったのは、十九歳になる直前なんです。だから、太郎が二十歳になる前に、ひょっとしたら徴兵を逃れるために海外へ息子を連れて行こう、という考えが両親の頭の片隅にはあったかもしれない。しかし、結局は三十路を過ぎて徴兵されてしまうのですが、フランス滞在中にずっと延期しつづけていた徴兵検査を帰国後に受けると、甲種合格してしまったという現実には、本人もまさか……と思ったようです。

唐澤：今の日本ではなかなか想像しづらいですが、徴兵制は、当事者の若者だけでなく、彼らの両親にとっても大きな悩みだったでしょうね。この制度を当然のものとして受け入れていた人もいたとは思いますが、少なくとも熊楠にとっては——おそらく太郎にとっても——、そういうものではなかったのでしょう。二人とも「右に倣え」的な生き方ができませんでしたから。

石井：そうですね。太郎の両親、とりわけ母親のかの子は「右に倣え」的な生き方をまったくしていませんし、できない性格です。息子の太郎も子供の頃から権威を振りかざす教師やガキ大将などには徹底的に反抗していました。それが故に、おそらく、嫌がらせを受けたり、いじめ抜かれたりして、小学生で自殺願望に悩まされていたわけですから。

＊17　飯倉前掲書、四二頁参照。

海外での青春

唐澤：岡本太郎がバタイユの秘密結社に参加したというのは、とても興味深い話です。熊楠の場合、秘密結社そのものには加入はしなかったのですが、ロンドンにいた頃、ＳＰＲ（英国心霊現象研究協会 The Society for Psychical Research）という組織にかなり接近する機会がありました。これについては、またのちほどお話したいと思います。彼はアメリカ時代には、中国人の侠客的グループに食客をしていたようです。これも一概に秘密結社とは言いがたいところがありますが、熊楠は、同じアジア人ということもあって仲良くしてもらっていました。この中国人たちを、熊楠は「博徒」と呼んでいますが、彼らは、鶏の頭を断って、それを投げつけて誓言をするということもやっていたそうです。*18

太郎は海外での生活はどうやって成り立たせていたのでしょうか。熊楠は、ほぼ実家からの仕送りで生活していました。とはいえ、常に潤沢に送金されていたわけではないので、ときどきアルバイトをしたりしていたのですが、太郎の場合はどうだったのでしょう。どんなふうに生活費を賄《まかな》っていたんですか。

石井：太郎のパリ生活は、両親からの仕送りで成り立っていたようです。何か仕事やアルバイトをしていたかどうかは、太郎自身が書いたり話したりしていないのでわかりません。パリで画集を一冊出版していますが、そういえば作品を売ったという話も聞かないですね。利害関係にシビアなフランスでは、太郎に画集の話が持ち上がっても仲間に裏切られたり、展覧会で画商に興味を持たれても、日本相手では見返りがないため仲間に商談を遮られたり、画商への紹介すら遮断されていたようですから、画家としての収入もなかったのかもしれません。

太郎の留学当時、一平は勤め先の朝日新聞社からの収入があったでしょうし、一平の後押しもあり、かの子も小説家として売れ出していたので、両親ともに稼ぎはあったはずで、太郎は両親からの仕送りだけで賄っていたのではないでしょうか。両親の書簡が収録された『母の手紙――母かの子・父一平への追想』（チクマ秀版社、一九九三年）には、両親からの送金の話がたくさん出てきます。両親の太郎への期待、とりわけ芸術修行をする息子への母の思い入れはことのほか大きかったので、息子が生活に困らない額の送金をしていたのだと思います。

唐澤：熊楠は、実家がお金持ちでしたが、当時、日本人が家からの仕送りだけで海外で生活するというのはかなり大変なことでした。特に彼の場合、奨学金や国からの補助があったわけでもないですし。では、どんなふうにしてお金を稼いでいたかというと、例えば、先ほども言いましたが大英博物館で資料整理などのアルバイトをしたこともありますし、面白いのは、ロンドンに住んでいるお金持ち相手に解説付きの浮世絵を売りつけて、大金を稼いだなんてこともあります。熊楠の解説

＊18　松居竜五『南方熊楠――複眼の学問構想』慶應義塾大学出版会、二〇一六年、一六一頁参照。

付き浮世絵は、まだ発見されていないのですが、ロンドンに住んでいる人で今も誰かきっと持っているはずなんですよね。しかし、残念なことに、熊楠はそうやって稼いだお金をほとんどお酒に使ってしまった。ロンドンのパブを呑み歩くのが好きだったみたいですね。太郎はどうだったんでしょうか。

石井：酒におぼれた話はあまり残していないんですが、女性を口説くための食事と酒の組合せやデートコースについては、やたらと詳しく語っています[*19]（笑）。恋愛の話は多いですね。誰それと一晩明かしたとか、キャバレーの踊り子たちと仲良くなって楽屋にまで入り込んでいたとか、恋多き男の印象はありますが、それには太郎なりの理由があったようです。「日本的小モラルから脱して、自由なパリの芸術家の雰囲気を身につけることが急務」だと考え、「できるだけ自由に、放縦《ほうしょう》に、むしろ己を堕落させるように努めた」らしいですが、なかなか最初の頃はうまくはいかず、「小モラルの殻はコチコチでどうしても堕落はできなかった」とも言っています[*20]。賭博に寝食を忘れてのめりこんだ時期もあったようで、両親からの送金を使い果たしたことは何度もあったと思いますが、困窮してお金に困っても、友人や知人を頼ってどうにかしていたんでしょう。

太郎は、パリ大学に入学してマルセル・モースの弟子になりますが、当時、フランスの大学の学費は無料だったとしても、教科書代などのその他の諸経費をどうしていたのかというと、それもおそらく全部仕送りに頼っていたのだろうと思います。当時は両親の稼ぎ頼みだったということになりますが、それより以前、太郎幼少期の岡本家は惨憺たる状況だったようです。

一平の漫画が夏目漱石に激賞されたことがきっかけで、朝日新聞社に入社することで一家の収入は安定するのですが、その頃から、一平はほとんど毎晩のように呑み歩き、江戸っ子気質も相まって「宵越しの金は持たない」と外で全部使ってしまい、ほとんど家に寄りつかなくなります。
この一平の放蕩三昧によって、家に残されたかの子と太郎は電気も止まり、食べるものもない状態になるまで困窮し、絶望したかの子は、実家の大貫家を頼るも、実家も破産し、その時、かの子は幼い太郎を連れて死を選ぼうともしていたようで、一時期、精神病院にも入院し、生活はどん底に落ち、一家崩壊、破綻寸前まで追い込まれます。そんな妻を見て、一平は自分の行いを深く恥じ、改心して、かの子を支えるために己のすべてを捧げるようになります。[*21]
一家で渡欧する頃には、一平の名は当時の総理大臣よりも有名だと言われるくらいで、それに見合うだけの稼ぎがあり、経済的余裕があったのでしょう。そうでなければ、太郎もパリでも放縦することなどできなかったでしょうし、それは一平が妻にすべてを捧げるために遮二無二働いたからこそできたんでしょうね。
唐澤：私は結構好きなんですけどね、「宵越しの金は持たない」。今を思いっきり生きている感じで。

＊19　岡本太郎「色気と喰気」『芸術と青春』光文社（知恵の森文庫）、二〇〇二年、一四－一八頁。
＊20　岡本太郎「はたち前後」前掲書、一九頁。
＊21　瀬戸内寂聴『新装版　かの子撩乱』講談社文庫、二〇一九年。『かの子撩乱その後』講談社文庫、一九九四年。

もちろん、それで家族に大きな迷惑をかけたり、破産したりするのは最悪ですが。私自身臆病でそのような生き方ができないので、どこか憧れのようなものがあるのかもしれません。熊楠もかなり遊び歩いていたようですが、日中はずっと大英博物館に閉館時間までこもって、史料や書籍の筆写を黙々としていました。彼は語学がかなり得意でしたから、大英博物館に所蔵してあるさまざまな国々の書籍を読むことができるというアドバンテージがあったんです。子供の頃からかなり記憶力に秀でていました。その記憶力のおかげもあり、大人になってからも特に語学はよくできました。

恋愛に関しては、特にアメリカ時代にはあまりそういう話を聞きませんね。ちなみに、彼の初恋の相手というのは、日本にいた時で、相手は同年代で同郷の男性です。羽山繁太郎という人物です。ロンドン時代には、その繁太郎にとても似ているバーメイドを気にかけていました。少し恋心を抱いていたようにも思います。その店に通って話をしたりチップを多めに渡したりしているのですが、結局その女性と恋仲にはなりませんでした。やはり、熊楠の心の中にあったのは、繁太郎の面影だったのでしょうね。繁太郎の存在を、そのバーの女性に投影していただけだったのだと思います。熊楠自身も、そのことに気がつき熱が冷めていったのではないでしょうか。ある時、その女性が熊楠の手を握ろうとして、彼はとっさに断り、女性を怒らせたことがあります。このような一見すると非常に些細な出来事を日記に記しているあたりに、熊楠の複雑で繊細な心理が見え隠れしていますよね。

先ほど石井さんは、太郎がパリに来て、なんで西洋の裸婦や静物ばかり描かなきゃいけないんだ、と悩んでいたというか憤慨していたということをおっしゃっていましたが、熊楠も同じようなことを考えていたんじゃないかと思います。おそらくそのような思考が、彼が渡英後、どの組織にも入らず、またそこで体系だった教育を一切受けようとしなかった背景にあると思うのです。つまり、教育機関から杓子定規に教えられ、皆で同じことをすることに対する大いなる疑問を、彼は早い段階で抱いてしまったのですね。海外には、日本では得られない知識や技量を身につける大きなチャンスがあります。熊楠は、そこで日本と同じような「教育」を受けようとは思わなかった。彼は、大英博物館で「日本などでは見られぬ珍書」[*22]ばかり読み、書き写しています。その抜き書きノートが、通称「ロンドン抜書」です。大きさが九インチ×七インチで二五〇頁くらいあるノートにびっしり書き込まれています。全部で五十二冊あります。熊楠研究者の松居竜五先生は、このノートの研究を長年されています。松居先生は、これらは熊楠の膨大な知識の根幹を成す中核だとおっしゃっていますが[*23]、まさにその通りですね。

熊楠は、アメリカ時代には他の日本人留学生たちと割と仲良くしていて、よく集まったりもしていました。仲間内で新聞を出したり、一緒に仲良く写真を撮ったり……。ところが、イギリスに渡った後は、日本人とのそのような付き合い方に微妙な変化が現れます。なんというか、日本人グ

＊22 『履歴書』一五頁。
＊23 松居前掲書、二六六頁参照。

ループ内で和気藹々《わきあいあい》とするような感じではなくなる。太郎と同じく、海外で日本人は日本人だけで固まっているということに疑問を持ったのでしょうね。ロンドンでも、個人単位で日本人と付き合うことはありましたが、それがまた「教育」とは程遠いところにいるようなユニークな人たちばかりでした。いわゆる「はみ出し者」ですね。例えば、「プリンス片岡」と名乗る素性の知れない詐欺師――熊楠は、その人が詐欺師だったことは後で知ることになります――や、曲芸師の美津田滝次郎、鋳工で片眼の栗原金太郎などです。しかし、日本人とつるんでいるだけでは、当然ながら語学も上達しないことを熊楠は知っていました。彼は、本物の英語力を身につけるには、英語で喧嘩を制止できるくらいにならないといけないと考えていました。

石井：喧嘩が英語の上達法なんですか。

唐澤：ええ。例えば、パブで現地の酔っ払い同士が喧嘩していたりすると、それを止められるくらいの英語力を身につけなければいけないというわけです。熊楠は呑み歩いてはいましたが、それはもしかしたら語学上達のための一つの手段だったのかもしれませんね。

石井：岡本太郎の喧嘩の話は聞いたことがないですが、太郎が亡くなった後に出版された『リリカルな自画像』（みすず書房、二〇〇一年）という本に岡本太郎の恋愛事情がまとめられています。女性に声をかけ口説いてどうのこうのとか、パーティーに呼ばれて盛り上がるとそのままどこかに消えるだとか、もしかしたら、太郎は熊楠とは対極的な、女性を口説くことがフランス語力を身に着ける手段の一つだったのかもしれませんね（笑）。

太郎の仲間は、フランスに集まっている芸術家たちですから、性愛や恋愛に対して奔放なところがあったのでしょう。恋人や夫婦といった固定観念にとらわれず、気が合えばその場の雰囲気でという感じで、おそらく太郎が恋仲になった女性は数えきれないのではないかな……。

唐澤：かなりのプレイボーイですね。

石井：青春を謳歌していたんでしょうね。当時は、日本人に対する差別もあったでしょうし、先ほども言いましたが、西洋人は芸術家の同士の利害関係が絡むとドライで、太郎は作品の売買のネットワークから除外されたり、裏切られたりすることも多々あった。その一方で、どういうわけか太郎はパリではとてもモテたそうで、男女の関係についてはかなり赤裸々な話をたくさん語っています。同時期にパリにいた藤田嗣治もモテたようですが、太郎のパリ時代の色恋話を読むと、登場するのは彼だけではなく、彼の友人や仲間たち全員がプレイボーイだったのだろうなと思いますね（笑）。

唐澤：藤田がモテたのはなんとなくわかりますね。完全に狙ったおしゃれをしていますよ。熊楠は海外でモテたのかなあ。私が授業で熊楠の写真を学生に見せると「イケメン！」と言われたりしますが。確かに整った顔立ちはしていますね。彼は、ロンドンでシルクハットを愛用していました。また法衣に袈裟がけ姿で大英博物館に通っていたこともあります。こんな姿で、スモッグで黒ずんだ大都会ロンドンに佇む熊楠の姿を想像すると……、なかなかアヴァンギャルドですね。

異文化に触れて

唐澤：今、「日本人に対する差別」という言葉が出ましたが、熊楠がアメリカ、キューバ、イギリスへと海外遊学していた時代は、おそらく太郎が海外留学した時代に比べて、もっと日本人への差別は大きかったのではないかと思われます。もちろん、海外と一口に言っても日本人への反応はさまざまだとは思いますが。例えば、熊楠がロンドンにいた頃などは、ジャポニズムが流行して、割と日本の美術や文化が注目されてはいたのですが、総体としてはやはり日本人は白人よりも劣っていると見られることのほうが多かった。その構図は、アカデミックの世界でも同じです。彼は「おかしきは人類学者と自ら称しながら、欧州人は世界中の人の最上なり、英人は欧州中の最上なり、故に英人は世界中の最々上々なりといふものあり」[*24]などと言っています。熊楠が大英博物館で研究をしていると、日本人だからということで馬鹿にされたり、「猫やネズミを食うのか」と言われたりもしたそうです。[*25]熊楠の大事にしていたシルクハットに、わざとインクをこぼされたりもしました。そういう嫌がらせに熊楠はついにキレてしまって、館内で暴力事件を起こしてしまうんです。熊楠を馬鹿にしてきたイギリス人を思いっきり殴ってしまったんですね。この一件は、大英博物館内の諮問委員会にかけられて、熊楠を館内利用禁止にしようという話が持ち上がりました。けれども、その時は、熊楠の豊富な知識や勤勉さを惜しんだ大英博物館内の友人たちが協力してくれたこともあり、なんとか一ヵ月間の出入り禁止で済みました。ところが熊楠は、翌年にまた同じような騒動を起こしてしまうんです。この時熊楠は酒を飲み酩酊状態で、暴力こそふるいませんでしたが、警備員に取り押さえられる始末でした。さすがに二回目ともなると、正直、為す術がないですね。熊楠は大英博物館を事実上追放されることになりました。とはいえ、ロンドンにはその他にも博物館がたくさんありました。熊楠はその後、南ケンジントン博物館（現ヴィクトリア・アンド・アルバート博物館）や自然史博物館（現大英自然史博物館）の図書館で研究を続けました。

ちなみに、現在も大英博物館で販売している *The Story of the British Museum* という二五〇年以上続く博物館の歴史を網羅的にまとめた冊子があるのですが、ここに、熊楠の個人名こそ記載されていないものの「喧嘩のために二度に渡って追放された日本人社会学者」がいたと記されています。それくらい前代未聞の出来事だったわけです。

石井：岡本太郎の場合、そのような暴力沙汰はなかったようですね。芸術家たちの間で、暗躍する詐欺師のような奴を問い詰めるパフォーマンス的な争いの事件を、腹では笑いながら傍観している太郎の姿はパリ時代の回想録にありますが、その渦中に入っていくこともなかったようです。当時

＊24 南方熊楠「一八九四年七月十六日付土宜法龍宛書簡」『高山寺蔵 南方熊楠書翰 土宜法龍宛 1893-1922』（奥山直司、雲藤等、神田英昭編）藤原書店、二〇一〇年、二〇五頁（以下『高山寺書簡』と略記）。

＊25 南方熊楠「英国博物館理事会宛陳状書」『熊楠漫筆——南方熊楠未刊行文集』（飯倉照平、鶴見和子、長谷川興蔵編）八坂書房、一九九一年、三五九頁参照。

のパリというのは、ヨーロッパ中や世界中から芸術を志す人々が集まっていましたが、その中で太郎が日本人であることを理由に差別され、それが原因で揉めるという経験は、本人が語っていないだけで、もしかしたら、それなりに結構あったのかもしれません。

けれど、さまざまな思想芸術運動に参加している中で、その反対陣営とも深く関わっていても、特に問題視されなかったようです。逆に男女問わずあちこちでかわいがられるので、彼自身、それを不思議がっています。日本では幼い頃から変わった子供と思われていた太郎のキャラクターは、パリでは広く受け入れられたみたいです。むしろ、パリにいる日本人たちから生意気だのなんだのと陰口を叩かれていたらしいですよ（笑）。

唐澤：そうなのですね。太郎は異性交流が多かった分、恋にまつわるいざこざや、そこから進展して暴力沙汰などもあったのかなあと勝手に想像していました。

熊楠は、大英博物館という「場所」を、ある種心の支えにしていました。この場所で自由に研究ができるということは、彼の生きがいでもありました。そのような場所で、熊楠はいわれのない嫌がらせを受けました。それは自分自身のみならず、彼の神聖な場所を汚された思いだったと思います。だからといって、暴力に出るのは当然間違っているわけですが。これは熊楠の大きな過ちだったと思います。感情に任せて冷静さを失い行動した結果、その大事な場所も去らなければならなくなったわけですから。大英博物館追放は、彼の帰国にも大きく影響していたと思います。後世の私たちは、この出来事を、熊楠の豪快な性格の現れとして武勇伝的に捉えたりもしますが、ふつうに考えて、とんでもない事件ですね。

例えば、熊楠だったら大英博物館という場所があったわけですが、パリには岡本太郎にとっての心の拠り所となるような場所のようなものはあったのでしょうか。

石井：心の拠り所となる場所ですか……。熊楠にとっての大英博物館のような特定の場所は、ぱっと思い浮かびませんが、太郎は、さまざまな運動の団体に参加しても、自分の主義主張と合わなくなってくると、全部自ら辞めてしまうんですね。ですから、それぞれの団体が根城にしていた場所があるにはあるのですが、辞めてしまうとそこに通い詰めるということもなかったでしょうしね。

それとは別に、絵を描くことを一旦やめ、パリ大学で人類学を学び始めた時に、パリ万博の跡地にミュゼ・ド・ロムという人類博物館ができて、マルセル・モースの講義はそこで行われたようです。そこにはフランスの植民地が中心でしょうけれど、世界中の民族資料が収められていて、ピカソが見て感銘を受けたアフリカの民族芸術をはじめとして、世界中の民族がつくった神像や仮面などがたくさんあった。そんな場所で講義を受け、相当刺激を受けていたようなので、その博物館に通い詰めていたかもしれません。一九七〇年の大阪万博でも、《太陽の塔》の地下空間に展示するために世界中から集められた民族資料をもとにつくられた、現在の国立民族学博物館の設立に太郎も奔走していたので、パリの人類博物館への思い入れは相当あったと思います。

他に該当しそうな場所は、パリの芸術家や学者たちが自然と集まるカフェでしょうか。いくつか特定のカフェがあったようですが、太郎はそこでのさまざまな議論について回想しています。

神聖な遊びと秘密結社アセファル

唐澤：太郎は、パリ大学の科目履修生のような形で学んでいたのですか？

石井：いいえ、正規入学していますね。卒業試験も受け、帰国前に卒業しています。だから太郎の最終学歴は、パリ大学卒です。

唐澤：そうなのですね。

石井：入学前には、おそらく聴講生として、哲学などいくつかの講義は聞きに行っていたみたいですけれどもね。

唐澤：熊楠は、東京大学予備門中退だから、ちゃんとした「卒業」は、和歌山中学校で終わりになります。予備門の前に、神田共立学校にも一年数ヵ月通っていますが、ここは当時予備校的な位置付けですし。

石井：ああ、なるほど。遊学中に複数の大学に入学してはいても、最終学歴はそういうことになってしまうのですね。

唐澤：ええ、結局、大学も卒業していないし、研究所などに入ることもありませんでした。そもそも熊楠にとって研究とは「職業」ではなかったんだと思います。研究することは「遊び」と同じだったのではないかという気がするんです。なんと言えばいいのか……「神聖な遊び」みたいな感覚ですね。ただの「お遊び」ではない。そして、お金とか名誉とかとは直接的に結びつかないような「遊び」ですね。実際、熊楠はさまざまなところで「遊ぶ」という言葉を、くり返し使っています。日記とかにもよく出てきます。この「遊ぶ」という言葉で、熊楠が何を指していたかというと、粘菌とか隠花植物とかを採集したり、観察したりすることです。ですから、熊楠にとって「遊ぶ」とは調査や研究することと同義でした。

「遊ぶ」という言葉には、無邪気に戯れるというような意味があるのはもちろんですが、本質的には神事に関わるものですよね。元々の意味は、単にお酒に溺れるとか賭け事にはまるとか、そういうことではなかった。現在ふつうに使われている「遊ぶ」という言葉においては、その本質的な意味合いが薄くなっていますが。例えば、古代日本には「遊部《あそびべ》」という集団がいたわけですよね。

石井：ええ、そうですね。

唐澤：「遊部」は、天皇の葬儀やそれに伴う祭礼に従事していました。彼らは、天皇などが亡くなると遺体を葬送まで安置する殯宮《もがりのみや》で、音楽を奏でながら儀礼を行っていたわけですが、これが「遊び」と言われるものでした。要するに「遊び」というのは、本来的には、この世とあの世をつなぐための極めて重要な儀礼だったということです。このような事柄と照らし合わせてみても、熊楠にとっての研究とは「遊び」だったと言えます。彼が重視していたのは、この現実世界と根源的な場との通路を見出すことでした。粘菌の研究にしても夢の研究にしてもそうです。彼は、これらを調べることで、生死のあり方を深く知り、さらにはこの世とあの世との回路を開くことができると考えていました。

太郎も「遊び」を重視していたと思うのですが、その辺り、石井さんはどのようにお考えになりますか。


石井：日本の神楽は神遊びとも言われるくらいですからね。日本神話には、アマテラスという太陽神が天《あま》の岩戸、つまり洞窟のような場所の岩の扉を閉めて籠ってしまう話があり、その岩戸の前でアメノウズメが神懸かりになって、なかなかにエロティックな舞いを始めると、周囲の神々がおかしくて大笑い、何事かと思ったアマテラスが岩戸を開いて出てきて再び世界を照らす、という場面があって、これが神楽の源流だと言われています。

現在の神社で奉納される神楽でも、神を儀礼の場に呼び、食べ物やお酒を提供し、神の前で音楽を奏で舞うなどをするのはその名残りです。ですから、確かに「遊び」は神遊びにつながってくるし、こちら側の現実世界とあちら側の異世界を結ぶ儀礼ともつながるのだろうと思います。

岡本太郎も「遊び」「遊ぶ」という言葉をさまざまなところで使っていますが、その言葉の意味は、日本の神遊びとは少しニュアンスが異なっていて、太郎の「遊び」は、ジョルジュ・バタイユの影響下にあるのではないか、というのが僕の考えですね。太郎自身、「私の青春時代の絶望的な疑いや悩み、それをぶつけて、答えてくれたものは、ニーチェの書物であり、バタイユの言葉の実践であった[*26]」と言っているくらいですから。

唐澤：そこでもやはりバタイユなのですね。

石井：「遊び」は神遊びとつながるものですが、それは太陽神の前で神懸ったアメノウズメのように、宗教的な体験ともつながっている。とするならば、太郎の「遊び」を考える時、バタイユが「われわれは狂暴なまでに宗教的である」[*27]と宣言し、太郎も参加した秘密結社アセファルが浮上してきます。このアセファルでの宗教的体験というものが、おそらく太郎の「遊び」の根底にあるのだと思います。太郎が参加した秘密結社アセファルは、バタイユの記述や太郎の回想では、雷に撃たれたオークの樹の前で一晩中くりひろげられ、結社にとって重要な意味を持っている火山由来の硫黄を燃やし、動物供儀を行い、新しい神の現前による新しい宗教的体験を追究していたようで、太郎はそこで人生で唯一の霊的体験をしたと語っています。[*28]「不思議な世界」という文章なんですが、そこには次のように記されています。

青春の十年以上をすごしたパリ。
そこでは、情熱と確信をもって、前衛芸術運動に身を投げ込んだ。私は世界人でありたい

＊26　岡本太郎「わが友――ジョルジュ・バタイユ」『岡本太郎の本1――呪術誕生』みすず書房、一九九八年、二〇四頁。
＊27　ジョルジュ・バタイユ「聖なる陰謀」『無頭人《アセファル》』現代思潮社、一九九九年、九頁。
＊28　ジョルジュ・バタイユ『聖なる陰謀――アセファル書簡集』筑摩書房、二〇〇六年。岡本太郎「不思議な世界」『リリカルな自画像』みすず書房、二〇〇一年、一三七―一三八頁。

と思った。――世界をこの眼で見ぬきたい。眼にふれ、手にさわる、すべてに猛烈に働きかけ、体当りする。ひろく、積極的な人間像を自分自身につかむためにだ。

当時、パリは重々しく古めかしい石造りの街で、その中の生活はルイ王朝式、帝政風など、あらゆるスタイルのぎょうぎょうしい家具、調度、絵画、彫刻にとり囲まれ、息がつまる。

そんなある日、私たち仲間は、パリ郊外のサン・ジェルマンの森深くに分け入って、秘密結社の秘儀を行ったことがある。仲間にはあのジョルジュ・バタイユもいた。

秘儀は一晩中かかって行なわれた。

硫黄を燃やし続けながら、私たちは〝何か〟を凝視し続けた。

深い森の、重い沈黙が、私たちを威圧した。

私は、私自身のなかに溢れ出る肉体と精神の凄まじい格闘を、ぎりぎりの処で押さえつけ、森のもつ不気味で深い沈黙と対峙し続けた。が、やがて、深い森の持つ精霊と私の魂は、激しく対峙し合いながら、どこかで合一することもあった。不思議な境地だった。だが、それはあくまでも、あの死霊畏怖のアニミズム（精霊信仰）とはちがい、生への強烈な魂の息吹きであり、昇華だったのだ。

私はその瞬間、全宇宙を呑んだ気さえしたのだ。

私にとっては、これが唯一の霊的体験とでもいうべきものだった。

以来、私にとってあらゆる行動は、私自身の幅全体の噴出である。なぜなら〝伝統〟とは過去ではなく、瞬間、瞬間に現在の自分を通して創り上げてゆくものだから、である。[*29]

この秘密結社アセファルは、太郎が語るような神秘主義的な宗教的儀礼の実践と並行して、『アセファル』という雑誌を刊行しています。その第一号の最初にバタイユが書いた「聖なる陰謀」というテクストがあり、その中に先ほども挙げた「われわれは凶暴なまでに宗教的である」[*30]という宣言文を強調して書いています。バタイユは、ニーチェの「神は死んだ」を命題とする秘密結社で、どうやら新しい神を創出する宗教のようなものを創りだそうとしていたようです。

太郎は「新しい神（神聖）は、夜の暗い渾沌の中で、死に直面することによって現前する。／新しい宗教的体験がわれわれの情熱だった。当然、儀式が絶対の要件である。それによって共同の目的を確立し、犯罪者として、既成の権威に対決し、世界を変えて行くのだ」[*31]と語っています。

唐澤：苛烈な考え方ですね。いわゆる「秘密結社」というイメージを裏切らない怖さを感じます。しかしながら、アセファルには人を惹きつける「何か」があったということですね。

石井：そうですね。ところが、太郎は、既成の権威との対決を企図しながら、バタイユと結社のメ

＊29　岡本太郎「不思議な世界」『リリカルな自画像』みすず書房、二〇〇一年、一三七―一三八頁。
＊30　バタイユ前掲書。
＊31　岡本太郎「わが友――ジョルジュ・バタイユ」『岡本太郎の本1――呪術誕生』みすず書房、一九九八年、二〇二頁。

ンバーたちが権力の意思をつらぬこうとする姿勢に矛盾を感じ、バタイユに決別の手紙を渡して脱退してしまいます。その後、結社の儀礼は、さらに過激な方向へ進んだようです。メンバーの一人であり、太郎の親友で美術評論家のパトリック・ヴァルドベルグによれば、バタイユは最後の集会で生贄として「自分を死に処してくれ」と言いだし、他のメンバーが「謝絶」するということで、それは実現しなかったようです。[*32]

それだけ過激な実践をしていた秘密結社の経典のようなテクストを、バタイユが雑誌『アセファル』に書いていますが、メンバーはそれを暗唱したり、苦行と放蕩をセットにした修行のような活動をしたり、深夜に森に入って、夜通し火を焚きながら瞑想のようなことも行い、入会儀礼では腕を短剣で斬りつける儀式なんかもやっていようです。[*33] 今、そんなことをしたら、社会的に大問題になる活動ですが。

ともかく、秘密結社では、バタイユの構想のもと、キリスト教以前に立ち返ろうとする古くて新しい、さまざまな宗教的儀礼の実践が行われていました。こうした宗教的実践における体験は、太郎に強烈な印象を与え、その後の活動に大きく影響を及ぼしたと思います。宗教の影響といえば、僕たちの常識では捉えきれない一平・かの子の壮絶な夫婦関係の渦中に太郎はいて、互いに愛憎の葛藤に苦しんだ両親が、キリスト教に救いを求めるも救われず、そののち仏教に救いを求めた宗教遍歴をつぶさに見ていたので、キリスト教や仏教に影響された面も多少はあるだろうと思います。けれども、太郎はバタイユに会う前に、反キリストであるニーチェを読み込んでいたので、ニーチェの系譜をひくバタイユとの直接的な応答による影響は、色濃いと思います。

岡本太郎は、その後、日本に帰国し、第二次大戦を最前線で体験し、どうにか生き残って復員しますが、焼け野原になった東京に戻ると、家や過去の作品や何もかもすべてが失われていて、茫然自失の中、まったくのゼロから再出発するほかない状況でした。戦争で凍りついた太郎の心が溶けはじめ、再起を決意した時、彼の脳裏に浮かんだのは、やはり、原初の宗教的体験に立ち戻り、現代の惰性的社会を変革する「無痛革命」[*34]を目指した、あの秘密結社の仲間たちと共有した濃密な時間と宗教的体験だったのではないでしょうか。戦場という死線を乗り越えた太郎は、秘密結社のメンバーたちと交わした言葉と体験を、戦後日本での活動指針に据えたのではないかと想像します。

唐澤：アセファルでの宗教体験は、太郎の精神に深くくいこんでいたわけですね。その体験が彼の傷とはならずに、むしろその後の原動力となっていたというのはとても興味深いです。

石井：ちょっと遠回りしてしまいましたが（笑）、話を「遊び」に戻しますね。先ほど唐澤さんがおっしゃった、熊楠の「この世とあの世をつなぐための極めて重要な儀礼」としての「遊び」、あ

＊32　ジョルジュ・バタイユ著、マリナ・ガレッティ編『聖なる陰謀――アセファル資料集』筑摩書房（ちくま学芸文庫）、二〇〇六年、四七三頁。
＊33　バタイユ前傾書。
＊34　岡本太郎「バタイユとの出会い」『太郎誕生――岡本太郎の宇宙2』筑摩書房（ちくま学芸文庫）、二〇一一年、二六八頁。

るいは、「現実世界と根源的な場との通路」をひらくものとしての「遊び」は、パリ時代の岡本太郎が秘密結社で体験し、見出したものと重なり合うと思います。

そこで僕が気になるのが、太郎が、森の中で行われた結社の秘儀で「全宇宙を呑んだ気さえした」という体験です。この太郎の言う「全宇宙」は、たぶん僕らがイメージする宇宙とは、かなり違った姿をしているのだろうということは推測できます。ふつうに考えれば、僕らは宇宙に呑まれている存在ですよね。宇宙の中にいる。だから、一人の人間が全宇宙を呑み込むなんておかしいし、不可能です。ところが、太郎は全宇宙を呑んだという。ふつうの感覚の場合の主体と客体が逆転しているんです。

では、なぜ太郎と宇宙の主客は逆転しているのか。さっき引用した文章で、太郎が霊的体験の後に「私にとってあらゆる行動は、私自身の幅全体の噴出である」と言っていたことを思い出してください。全宇宙を呑み込む体験をした太郎は、呑み込む以前と以後で何かが変わっているはずです。何が変わったのか。それは、全宇宙を呑み込んだ「私」という主体が変化しているはずで、そう考えると、「私自身の幅」も変わっているはずなんです。

とすると、霊的体験で宇宙を丸呑みして一体化することで、岡本太郎という存在の「幅全体」は、一人の肉体から全宇宙という規模に拡張している、と見るべきでしょう。では、宇宙を丸呑みした岡本太郎という存在は何か、といえば、つまり、僕らが考える神と同等の存在だと言えるのではないでしょうか。

僕らの論理からすると非常識極まりない考えなのですが、太郎の特異な神観念をひもといて、太郎の論理に即してみると、存外突飛な考えではなく、至極当然のことだということがわかります。ふつう、僕らは神や仏と聞くと、自分よりも上位にいる、何か尊い超自然的存在を想像します。ところが、太郎が思い浮かべるものは、まったく違うもので、神仏に相当するものがあるとしたら、それは「表現以前・以後の世界」の「透明なる渾沌」[*35]、つまり宇宙だと言うんですね。さらに、太郎にとっての神という存在は「人間という分裂した存在、断ち切られた存在のもう一つのほうを、見えない自分というものを、いわば手さぐりする相手」[*36]であり、「なにか友だちであり、自分自身でありという、アンビヴァレンス」な「対話の相手」であり、つまるところ、「断ち切られたもう一つの自分」[*37]だとまで言っているんです。

僕らが神や仏と聞いて想像するイメージとはかなり異質ですよね。ここで重要なのは、太郎が人間は「分裂した存在」で「断ち切られた」二つの存在に分けられる、と言っている点です。わかりにくいかもしれませんが、太郎は全宇宙を丸呑みしています。全宇宙と一体化しています。全宇宙と合一した人間が分裂すると、どうなるか。想像をふくらませて考えてみましょう。今、この現実世界にいる自分と、見えない向こうの「根源的な場」にいるもう一つの自分とに分かれている、と

＊35　岡本太郎『日本の最新部へ——岡本太郎の宇宙4』筑摩書房（ちくま学芸文庫）、二〇一一年、三八八頁。
＊36　岡本太郎・石田一良「附録 神と祭りに見る始原」『カミと日本文化』ぺりかん社、一九八八年、一九九頁。
＊37　岡本・石田前傾書、一九八頁。

太郎は考えているのだと思います。とすると、現実世界にいるイマココの岡本太郎は、分裂した二つの「私」という双子の片割れにすぎないということになりますよね。

唐澤：なるほど。片割れとしての自分か……。

石井：ええ、そこがポイントです。岡本太郎が「芸術は爆発だ！」という時、それは精神の爆発であり、いのちの爆発であって、精神ないしいのちが「全身全霊」が宇宙に拡散し、宇宙と一体化することを意味しています。つまり、二つに分裂した「私」を再統合するのが太郎のいう「爆発」なんですけれど、話がややこしくなるので、「爆発」については、また後で話しましょう。とにかく、太郎は、見えないもう一人の自分との交わりや対話の中で、作品をつくりあげていく、という感覚を持っていたと思うのです。

ですから、太郎にとっての「遊び」も、宗教的な見えない存在とのつながりを持つ儀礼、あるいは向こうの世界との回路をつくるという熊楠の「遊び」と、よく似ていると思うんですね。熊楠にとっての「遊び」は研究で、太郎にとっての「遊び」は作品制作だったんだろうなと思うんです。

唐澤：極めて切実で真剣な「遊び」ですね。また太郎は、何か特定の神仏を崇拝するのではなく、もっと生々しい体験そのものを重視した感じですね。アセファルにおける森の中での不気味な「何か」との対峙は、相当強烈なものだったと思います。善とも悪ともつかない圧倒的なものとの邂逅。本来的な「カミ」とはこういうものを言うのでしょうね。本居宣長ならそれを「すぐれたる」ものと言うと思います。尋常ならざるものという意味です。あと、文化人類学者の岩田慶治は、通常の時間観念を超えて「同時の世界がわれわれの世界に触れた、その接点の出来事[*38]」こそ「カミ」だと言っていますね。

ちなみに、アセファルの解散後、その流れを汲むような後継団体とか活動というのはないのでしょうか。

石井：直接的な後継団体のようなものはないですね。太郎は先ほども言ったように途中でアセファルを脱退してしまいますが、残った他のメンバーは軍隊に召集されたり、疎開したりして、最後はバタイユ一人になってしまい、活動自体も頓挫してしまう。第二次世界大戦下で、ドイツ軍がパリに侵攻してきた頃、バタイユは四十代でしたから徴兵されることはないけれども、他の若いメンバーは皆、戦線へ出ていくわけですから。バタイユはメンバーが帰還してからまた再開しようと考えていたかもしれませんが、復員した他のメンバーは賛同しなかったのか、結局、結社を再結成することも、新たに結社をつくることもなかったようです。

ただ、もしかしたら、太郎が戦後の日本で結成した総合芸術運動体の「夜の会」は、秘密結社ではないですが、アセファルの後継団体と呼べる組織かもしれないですね。「夜の会」の名称は、太郎がアセファルの森の儀式の情景を描いたと思われる《夜》という太郎の絵にちなんでつけられた名前でもあるので。

＊38　岩田慶治『アニミズム時代』法藏館、一九九三年、一四八頁。

唐澤：なるほど。「夜の会」がアセファルの後継団体というのは面白い解釈ですね。熊楠がロンドンにいた頃には、SPR（英国心霊現象研究協会）が活発に活動していました。SPRは、アセファルのようないわゆる秘密結社とは言えないのですが、そのような側面は多分にあったと思います。扱っている事柄自体が、心霊や魂の問題、降霊術などのあり方でしたから、秘匿性は強くならざるを得なかったと思いますね。SPRは、ケンブリッジ大学出身で、詩人、文芸批評家のフレデリック・マイヤーズが中心となって、一八八二年につくられた団体です。彼とヘンリー・シジウィックという同大学の倫理学教授がつくった「ゴースト・ソサエティ」というものが前身になっています。SPRは、あくまでも心霊現象を科学的に解明しようというものでした。アセファルのように例えば血肉を用いるような過激なことはしていないですね。そのような事情もあってか、現在も解散せずに続いています。

二〇一四年の夏、私は、熊楠の資料調査でロンドンに行ったのですが、その際、SPRの事務所を訪ねてみました。ハイ・ストリート・ケンジントン駅の近くの住宅街にあるアパートの二階の一室にありました。昼間にアポなしで行ってみたのですが、呼び鈴を鳴らしても誰も出てきませんでしたね。何度も鳴らしていたら、下の階の人から「うるさい」と注意されて、「ここの連中は夜にならないと来ない。夜に何かやってるんだろう」と言われました。結局、SPRの人には会えずじまいだったのですが……。今度はちゃんと連絡を取ってから見学に行きたいと思います。もちろん、書籍やウェブでいろいろ詳細は調べられるのですが、このような事柄は体感して得るもののほうが大きいので。

先ほど少し触れたように、熊楠もSPRに接近する機会がありました。土宜法龍《どぎほうりゅう》という真言宗の僧侶がいて、熊楠は彼とロンドンで知り合っているのですが、その法龍が、SPRに強い関心を持っていたんですね。真言密教とSPRの実践には何かつながる部分や真言宗の今後のあり方にヒントとなる部分があるのではないかと考えていたんです。ただ、法龍自身はあまり英語が得意ではなく、ロンドンに滞在したのも短い期間でしたから、SPRについては詳しく調べられなかった。そこで、帰国後、熊楠に調査を依頼しています。「ロンドンにはSPRというものがあり、そこでは幽霊などについて研究しているらしい、できれば調べてくれないか」と。

ところが熊楠は、そんな「オッカルチズムごとき腐ったもの」[*39]を研究するのはいかがかと思う、などと言ってその依頼を断ってしまいます。けれども、彼自身ずっとそのことは心のどこかに残っていたんでしょうね。帰国後、那智山に籠った際に、しっかりとマイヤーズの遺作 *Human Personality and its Survival of Bodily Death*（以下『人格とその死後存続』）という本を取り寄せています。それを那智の森の中でひたすら読んでいます。その結果、ロンドン時代とはまったく態度が変わります。というより、本来持っていたものが噴出したというべきかもしれませんが、ともかく心霊現象に特別な関心を持つようになります。日本に帰国し、精神的にも参っていた熊楠は、その本に何

＊39　南方熊楠「一八九四年三月四日付土宜法龍宛書簡」『往復書簡』一五九頁。

か期待するものがあったのでしょう。

「テレパシー」という言葉は、多くの日本人が知っていると思いますが、実はマイヤーズがつくった言葉なんです。遠隔を表す「tel-」と、感情を意味する「-pathy」を組み合わせて、「telepathy」です。マイヤーズやSPRは知らないけれども、「テレパシー」という言葉は多くの人が知っていますよね。熊楠もこの語をよく使用しています。彼は「心神通」と書いて「テレパシー」とルビを振っていることもあります。日本でもかなり早い時期にこの語を使用したのが熊楠です。マイヤーズによる研究は、フロイトやユングにも大きな影響を与えていますし、そもそも、フロイトをイギリスで初めて紹介したのはマイヤーズです。その意味でマイヤーズの研究は、精神分析学とも強い影響関係にあると言えると思います。

もし、熊楠がロンドンでマイヤーズに実際に会って何か話をしていたら、きっと面白い議論になっていたでしょうね。とはいえ、熊楠が「霊魂の死・不死」の問題などに本格的に興味を抱くのは帰国後のことでしたが。やはり、両者は会わざるべくして会わなかった。機が熟していなかった。マイヤーズは、一九〇一年に亡くなります。熊楠が帰国後のことです。

SPRが発行している紀要（*Proceedings for the Society for Psychical Research*）があるのですが、そこにはSPRのメンバーリストが掲載されています。ロンドン時代の熊楠は、そんなものには関心はないというようなことを言っていたけれども、もしかしたら、実はメンバーだったりしないかな……と淡い期待を持って、ケンブリッジ大学図書館に所蔵されているこの紀要をすべて調査してみたのですが、残念ながら彼の名前はありませんでした。ちなみに、熊楠と同時代の日本人だと、姉崎正治（号・嘲風、一八七三―一九四九年）の名前がありました。姉崎は宗教学者で、関東大震災で焼失した東京帝国大学図書館の復興に尽力した人としても知られています。

このリスト調査で面白い発見もありました。当時のSPRのメンバーによる数々の心霊実験が行われ、また事務所としても使われていたマイヤーズの家の住所がわかったんです。私も実際に行ってみました。ケンブリッジ大学図書館から歩いて十分くらいのところにある、レックハンプトン・ハウスという屋敷です。一八八一年に建てられたものです。現在は、ケンブリッジ大学コーパス・クリスティ・カレッジの学生寮内にあり、レセプション・ホールとして使われています。そこで結婚式を行ったり、パーティーを行ったりしているのですね。かつてそこが英国心霊研究の泰斗マイヤーズの家だったことを知っているケンブリッジ大学の学生は、どれほどいるのでしょうか……。

石井：それはなんだか、もったいないですね。

森の中の神秘的な体験

唐澤：先ほど挙げたマイヤーズの遺作『人格とその死後存続』は、熊楠は自身の論考や書簡でもよく引用しています。彼は自分でその本を翻訳して出版しようと目論んだこともありました。「近来稀なる著作[*40]」と述べたりしていますね。熊楠はこの本によほど感銘を受けたようです。しかし結局、熊楠による翻訳本は刊行されることはありませんでした。だから、というわけではありませんが……、いつか私が翻訳しないといけないですね。

石井：ぜひ翻訳してください。ところで、熊楠が心霊現象やマイヤーズの神霊研究に関心を持ったのは、熊楠が那智の森にいた、ということが一番大きく影響しているのでしょうか。というのも、先ほど話したように、太郎もパリの森の奥で神秘的な宗教体験をしているので、そういうことには森が関係しているのかなと。

唐澤：熊楠は、那智山の森の聖性に当てられながら『人格とその死後存続』を読んでいました。この体験は相当大きいでしょうね。彼は、ロンドン時代には「腐ったもの」なんて批判していたオカルティックな体験を那智の森でバンバンしています。妖怪ろくろ首のように自分の首が伸びて、辺りを彷徨《さまよ》ったり……、いわゆる幽体離脱ですよね。[*41] そして、そんな自分の不思議な体験と『人格とその死後存続』に書いてあることがピタリと一致してしまったんです。

当時、熊楠はかなり精神的に危機状態にありました。太郎の「冷凍された五年間」は、熊楠にとって那智に隠栖していた三年間に当たるのかもしれません。彼にとっては相当キツい時期だったと思います。有名な「南方マンダラ」が描かれたのはこの時期です。粘菌も精力的に採集し観察しています。この時期、熊楠は、精神的に苦しんでいる一方、妙な活性化もしていますね。精神的な苦境が彼を心の深い領域に誘ったとも言えます。当然、那智では、大英博物館などより読める書籍は圧倒的に少なかったわけですが、『人格とその死後存続』のみならず、『華厳五教章』など、彼のその後の思想に決定的な影響を与えた書籍もこの頃に読んでいます。

太郎は「冷凍された五年間」、つまり徴兵されていた頃に何か知的な活動というか、その後の人生における決定的な体験はあったのでしょうか。

石井：「冷凍された」と形容しているくらいですから、その後の太郎に影響した決定的な従軍中の体験というのはないと思います。むしろ、生死を共にしている人々の言動のばかばかしさに、あきれ果ててはいたようです。「わが人生で、あれほど空しかったことはない[*42]」と言っていますから。その頃のばかばかしい経験の中で何か得るものがあったかというと、完全に虐げられ、直接的な暴力を受け続けたことに対する抵抗くらいでしょうか。

太郎は「四番目主義[*43]」というエッセイを残していますが、中国での初年兵訓練では朝から晩まで怒鳴られ、なじられ、殴られ続ける空しい日々が続いたそうです。就寝前になると上官が部下を集合させ、部屋に整列させる。その理由も不合理そのものですが、名乗らせて前に出た部下を順々に

＊40　南方熊楠「一九〇四年六月二十一付土宜法龍宛書簡」武内善信紹介『和歌山市立博物館研究紀要』第二五号、和歌山市立博物館、二〇一〇年、六九頁。

＊41　南方熊楠「一九〇四年四月二十五日付日記」『南方熊楠日記』二巻（長谷川興蔵校訂）八坂書房、一九八七年、四三一頁（以下『日記』二巻と略記）参照。

＊42　岡本太郎「〝冷凍された〟五年間」、『岡本太郎の本1——呪術誕生』みすず書房、二三九—二四一頁。

＊43　岡本太郎「四番目主義」前掲書、二七四—二七九頁。

ぶん殴っていくわけです。段々と調子づいてきて、最も勢いがあって強烈なのが四番目の時だ、と太郎は書いています。その四番目にあえて「岡本です！」と名乗り出て、最も勢いが乗った暴力を受ける。あるいは、部下に何かミスがあると全員を並べて殴っていく。連帯責任なので、ミスした人間が最初に殴られるわけですが、そこでも四番目主義を貫く。

もうその後は、他人のミスでもすぐに太郎が、「はい、岡本です！」と名乗り出てぶん殴られる。これがどうにもならない状況下での太郎の抵抗ですね。そんなふうにあえて殴られ役を買って出ていたら、なぜか部隊の中で人気者になったという話があります。

唐澤：熊楠だったら、おそらく殴り返しているでしょうね。

石井：そうでしょうね（笑）。従軍中の太郎は知的な活動も制限され、野営地では不条理な上官の暴力に耐え、戦場ではまさに死線をくぐり抜けているわけですが、絵を描いたことがありました。上官からの命令で描いた肖像画が唯一、今も残っていて、岡本太郎記念館に所蔵されていますが、それくらいでしょうね。スケッチも描いてはいますが、従軍経験からは何か強く影響され、その後の糧になるようなものというのは、あまりなかったのではないかと思います。

唐澤：太郎は戦争体験を通して、ふつうの生活より死を間近に感じていた、死のにおいが漂う状況にいたと思います。そのような状況下で、不思議な経験をする人は多いと思うんです。先ほど、熊楠も那智山で精神的な危機状況にあったと言いましたが、彼は肉体的というより精神的な死に近づいていました。ロンドンから帰ってきて、自分の読みたい書物も少なく、思うように研究もできない。その意味では非常に束縛された時期でした。それは彼の生きがいを奪われた状況であり、その意味でまさに「生命」に関わるような時期でした。そもそも那智山自体が古来、あの世に近い場所ですしね。そのような時と場所で、彼は、幽体離脱などを頻発に経験しているわけです。

面白いのが、この頃、彼は、文字が逆行して見えるという体験もしていることです。[*44] これは、端的に通常の時間が巻き戻るような現象だと思います。未来から現在へと戻ってくるような感じ、と言えばいいのでしょうか……。そういうさまざまな不思議な体験を経て、彼は「やりあて」という概念を打ち出すようになったのだと思います。「やりあて」というのは、要するに今は見えない事柄、あるいは未来に起こるような事柄を予知し、的中させるという、熊楠独自の言葉です。

他には、神経科学の用語で「エントプティック」というものがありますが、これに似たようなことも経験しています。光のない真っ暗な闇の中にずっといると、目の奥から光が外へと放出されてくるような知覚体験のことです。人類学者の中沢新一先生によれば、チベット僧の瞑想修行でも同様の体験をするそうですね。[*45] 熊楠もそれと類似する体験をしている。例えば、ある夜、真っ暗な那智山中の宿で、布団のシワすら見ることができないほど、目の前が明るく輝いていた、と。[*46] イニシ

＊44　南方熊楠「一九三一年八月八日付岩田準一宛書簡」『南方熊楠全集』九巻（岩村忍、入矢義高、岡本清造監修）平凡社、一九七三年、二五頁参照。
＊45　中沢新一『芸術人類学』みすず書房、二〇〇六年、一八三頁参照。
＊46　南方熊楠「一九〇四年三月二十一日付日記」『日記』二巻、四一七頁参照。

エーションや修行で体験される超越的な光の体験を、熊楠は図らずもしていた。また、顕微鏡で粘菌を観察するという経験も、不思議な体験や感覚を呼び起こすものです。実は私自身、毎日のように粘菌を顕微鏡で観察しているのですが、ミクロの世界を拡大してずっと見続けていると、なんと言うか、とてもふわふわした、奇妙な感じになります。おそらく、熊楠にもそんな感覚があったのではないでしょうか。顕微鏡が観察者の精神に与える影響はものすごく大きいと思います。精神的危機状況下において、そして死のにおい漂う那智山で、日々顕微鏡を覗く生活は、不思議な体験を誘発するきっかけとして十分すぎるものだったと思います。

あと、熊楠の粘菌に関する記述を読むと、よく「光る」という言葉が出てきます。「銀紙の如く光る」[*47]とか「虹如く光る」[*48]とか。実際、ルリホコリ属とか金属的な光沢を放つ粘菌は多いんです。粘菌のきらめきには、見る者を夢中にさせる不思議な魅力があります。熊楠は、この光に心を完全に取り込まれていました。

石井：熊楠の文字が逆行して見える体験が、未来を予知する「やりあて」につながる、という唐澤さんのお話はおもしろいですね。それで思い出したのですが、僕も似たような不思議な体験をしています。話が脱線してしまいますが（笑）、二十代前半の頃だったと思いますが、妙にはっきりとしたリアルな感触のある夢の中での出来事です。

板張りの神社の社殿のような空間に、ぽつぽつと何本か蝋燭が立っていて、その火が揺らめいている。奥の祭壇のような場所には御簾がかかっていて、そのさらに奥に得体のしれない大きな存在が座っているんですね。御簾がかかっているのに、なぜかその存在の姿がクローズアップされて見えるんですが、全身が大きな白い布のようなものでくるまれていて顔だけ見えている。その顔が、闇の中に銀河がとぐろを巻いているような宇宙なんです。

唐澤：とぐろ、渦巻きですね。面白い。

石井：で、その超自然的な存在の左脇に、どういうわけか小説家の京極夏彦さんが着物を着て正座しているんです。そこに突然放り込まれた僕は「なんだ？　なんだ？」という状態。すると、奥の存在が何かを言っている。それが言葉なのか、うなり声なのか、音なのか、何かを発しているようなのだけれど、僕には意味がわからない。困っていると、京極さんが僕のほうを向いて通訳をし始めるんです。「この方がおっしゃるには、今のあなたの段階はTRIPODです。」そうすると、アルファベットの白い文字が僕の目の前に飛んでくる。ちょうどアニメの黒地に白文字の次回予告みたいな感じで飛んできて、一文字づつ並んで単語を示してくる。

京極さんは続けて何度か「次のあなたの段階は、○▽◇で……次の段階は、□△◇で…」と通訳してくれるんですが、そのたびにアルファベットが目の前に飛んできては、僕の前で並ぶんですが、

＊47　南方熊楠「一九二二年九月十一日付小畔四郎宛書簡」『南方熊楠 小畔四郎往復書簡』（三）南方熊楠顕彰館、二〇一〇年、三五頁。
＊48　南方熊楠「一九二三年十一月三日付小畔四郎宛書簡」前掲書、一六八頁。

だんだんと長い文字列の単語になって、見たことのない初見の長い英単語で僕は覚えきれない。四度目だったかの文字列が飛んできたところで、脂汗をかいて文字通り飛び起きたんですが、飛び起きてはっきりと覚えていたのが短い英単語のTRIPODだけでした。

ところが、僕はその単語の意味を知らなかったので、混乱しながら起きてすぐに英語の辞書を開くと、三脚の意味の他に、デルフォイ神殿で巫女が託宣をうける時に座っていた青銅製の三脚椅子、と書かれていました。今も何のことやらさっぱりわからないのですが、ステップアップしていく僕の何かの役割みたいなものを予知する夢なのかなと。

それで当時、大学院で受けていた宗教人類学の佐藤憲昭さんのシャーマニズム講義の課題レポートに、僕の他の不思議な体験もいくつかまとめて書いて提出したところ、それを読んだ佐藤さんは僕を研究対象と思ったのか、他の講義で僕のことを神童として事例紹介していたそうです（笑）。デルフォイ神殿にはいつか行かなければと思いつつ、もう二十年が過ぎてしまいました。

南方熊楠の「直入」、岡本太郎の「爆発」

唐澤：太郎にも、死を間近に感じた時の神秘体験や心霊体験はあるのでしょうか。

石井：戦場は生死の境をさまよう場ではあっても、太郎はそういった体験をしてはいないようです。ですが、前にも話題にあげた秘密結社アセファルの森の中での儀式での体験が、それにあたります。

くり返しになりますが、パリ郊外の森の奥で彼らが儀礼を行っていたという場所は、雷に撃たれたオークの樹がある場所でした。その樹がオークであったことが偶然ではないとすると、バタイユたちは、オークを聖樹として信仰していたキリスト教以前のケルトの信仰に立ち返ろうと考えていたのかもしれません。結社の儀式では脱我の状態になることが目指されていましたが、この森の奥での儀式が、死の問題と密接に絡んでいると思います。

雑誌『アセファル』の最終号に、バタイユが書いたと思われる「死を前にした歓喜の実践」というテクストが掲載されています。読み上げると長くなるので割愛しますが、「脱自的観想」「恍惚《エクスタシー》の探求」「幸福な自己喪失」「無化の状態」「忘我の状態」という言葉が出てくるように、シャーマニスティックな超自然との合一を目指し、テクスト後半では「私は死を前にした歓喜の実践である」という詩的な文章が連なり、主語の「私」が「地球」や、やがて燃え尽き「自滅」する「太陽」に重ねられています。[*49]

つまり、秘密結社での儀礼は、脱我状態になることで、「私」が太陽と合一し、宇宙規模に拡張された「私」の死をどれだけリアルに意識し、その反動による生の充実＝歓喜をいかに体感できるか、ということなんだろうと思います。その究極の形が、実現しなかったバタイユ自身の生贄なんでしょうね。前にお話しした岡本太郎の森での霊的体験は、この文脈上で理解できます。

＊49　ジョルジュ・バタイユ他『無頭人《アセファル》』現代思想社、一九九九年、二一八―二二七頁。

アセファルのメンバーたちは、森の奥で雷に撃たれることで死に瀕したオークの樹に集まり、儀礼の力を借りて死に近づいていく、ということを実践していたわけですが、熊楠の場合は、唐澤さんのお話では、那智の森に入り、孤独になり、精神的な危機的状況に陥り、それが死を意識することになった。死に直面する、死を意識することで不思議な内的体験をするという点では、意識的かそうでないかの違いがあるだけで、太郎と熊楠の霊的体験の背景は同じなんだろうと思います。

僕自身は、死とは無関係ですが、太郎と熊楠の霊的体験と似たような感覚を作品の制作時に体験しているので、感覚的に理解できます。何かを制作している時、脱我の状態といいますか、自分が対象に没入していく感覚がありますね。それは学問においても同様です。対象のことを集中してあれこれ考えていると、対象のみならず、宇宙と一体化するような感覚を持つ瞬間がある。

唐澤：なるほど……。もう少し具体的に言うと？

石井：僕の場合は、作品制作時に、キャンバスや素材などの物と対峙し、何かをつくりあげていく過程で、ハイな状態になっている時に起こりやすい。スポーツ選手が体感する「ゾーン」に入った状態と同じで[*50]、心理学では「フロー体験[*51]」と言うそうですが、僕の場合は、眼前の作品が「いやいやそうじゃない」と、唐突に描き方を指示してくるという形で起きました。自分でも仰天しましたが、岡本太郎は芸術の創作における体験について、もっと突っ込んだ話をしています。

芸術創作において、素材は他者である。それに精神を凝縮する。作者が働きかけ、行動すると、それは素材ではなくなり、作る者のうちに入り、作者自身になってしまう。さらに完了してイメージが定着されると、それは人間を離れる。作られたものとして自立するのだ。作者にとっても他者である。この自他のかみあいは創作者の上に、いわば危機的に実現している。

人間存在自体がそのようなプロセスを内包しているのである。人がただあるということから、強烈な意識をもって行為する段階。結果、社会内人格のイメージとして、己にとってさえ対するものとして出現する。[*52]

ここで太郎は「素材は他者である」と言っていますが、この時の素材は、太郎に一方的にこねくりまわされる単なる物質の客体ではなく、太郎には自分と同格の主体として認識されています。主体である作り手と、主体である素材が対峙している状態です。その他者である素材に対し、作り手が「精神を凝縮する」というのは、人間同士の関係性でいえば、対話によるコミュニケーションと同じです。作者と素材が対話を始めると、素材は他者ではなくなって「作者のうちに入り、作者自身になってしまう」というのは、比喩でもなんでもなく文字通りの意味で、素材と作者が一体化し

＊50　下條信輔・為末大『自分を超える心とからだの使い方――ゾーンとモチベーションの脳科学』朝日新聞出版（朝日新書）、二〇二一年。
＊51　M・チクセントミハイ『フロー体験――喜びの現象学』世界思想社、一九九六年。
＊52　岡本太郎『美の呪力』新潮社（新潮文庫）、二〇〇四年、三八頁。

てしまうということです。

これを第三者が傍から眺めれば、太郎が素材をこねくりまわして作品をつくっているだけなんじゃね？　という状態にしか見えませんが、太郎の内的な感覚では、素材と一体化している感覚の中で制作をしている、ということなんですね。

では、太郎と素材は一体化したままなのかというと、次の段落で作品の「完成」をもって両者は分離すると言っています。太郎と一体化した状態の素材は作品にメタモルフォーゼし、太郎から分離し、分離した作品もまた自立した他者として太郎に対峙する、と言うんですね。太郎の意識の中では、制作の過程で他者である素材が作者の自分と同化し、やがて作品という別の存在に変貌して分離する、つまり、太郎にとって創造という行為は、人間の妊娠と出産によく似た行為ということになります。

このような岡本太郎のモノとの対話・融合・分離という創作プロセスは、宇宙を呑んだ気さえしたというあの森での霊的体験とも呼応していますが、西洋由来の人間中心主義や主客二元論、心身二元論に囚われている私たちには、常識はずれのわかりにくい話です。神仏に相当するような存在があるとしたら、それは「断ち切られたもう一つの自分」であるという太郎の話も、さらに輪をかけて理解不能な話かもしれません。

しかし、超自然的存在だけでなく、素材や作品もすべてが「私」と同格で、自身の分身のような存在として認識していた太郎の論理に則してみないことには、彼の思考の中身は見えてきません。

そんな太郎が、戦後に博物館で縄文土器に出会い、その瞬間、全身がぶるぶる震えるほどに感動したというのは、美術史的な再発見をしたとかいう話ではなく、自分の魂の片割れがそこにいる、と感じたからだったのではないでしょうか。だから、心身が震える。自分の魂が震え、共振し、縄文土器に「もう一つの自分」を見つけた。そういう意味では、太郎が縄文土器に出会った瞬間というのは、霊的体験に近いものだったのかもしれませんね。

ともかく、話を唐澤さんからの最初の問いに戻せば、先ほど言ったように、秘密結社の儀礼に参加し、「死を前にした歓喜の実践」を行うために「森」に入っていった時の体験が、岡本太郎の思想の根本にあるのではないかと思います。

唐澤：熊楠は那智の森に入って、観察対象に深く入り込むことの重要性というか面白さに改めて気づいたようなところがあると思います。彼は、対象に深く入ることを「直入」という言葉で表現しています。彼は、現実世界での出来事を人間の「心」と「物」が重なり合うところに起こると考えていましたが——熊楠はそれを探求することを「事の学」と名付けています——そのような現実の世界を超えて対象により深く入り込むためには「直入」が必要だと言っています。[*53] その「直入」によって初めて、物事の本質が見えてくるというわけです。これは、今の太郎の話とも非常につながってくるのではないかと思います。

＊53　南方熊楠「一九〇四年三月二十四日付土宜法龍宛書簡」『往復書簡』三九三頁参照。

熊楠の場合、「直入」した時に、「無尽無究の大宇宙の大宇宙のまだ大宇宙を包蔵する大宇宙」[*54]が見えるわけですが、それはいわば、人間や生物をあらしめている最も根源的な場所のことです。対象あるいは自分に「直入」することで、根源的な場を見出していく。私は、この作用を強烈に引き出す装置としても顕微鏡という道具は面白いものだと思っています。

熊楠は博物学者でもありますから、実にさまざまなものに興味を持ったのですが、やはり、その中でも粘菌は彼にとって特別な対象でした。その粘菌に何を見出したかというと、やはり先ほど石井さんがおっしゃったように「自分自身」だったと思うんです。しかも、普段は隠れ潜んでいる「片割れ」のような、純粋に正反対の自分自身。「直入」し、それと一体化することで「大宇宙」への道が開けてくる、熊楠はそう思っていたのではないでしょうか。

「直入」している時の熊楠は、他人がほとんど近づけないようなオーラを放っていたと思います。そこで思ったのは、太郎の創作風景ですね。残された映像とかで見ると、特に《太陽の塔》の模型なんかを彫っている時は、すごい目をしていますよね。なんだかとても近寄り難い感じを受けます。太郎がそのように超絶的に没入している時というのは、ある意味では人間を超えてしまっているというか、人間のタガが外れてしまっている状態で、「大宇宙」に近づいているのではないかな、と。その時、人ならざるものになってしまっているというか……。

石井：まさしく、そうですね。熊楠が大宇宙への「直入」という言い方をするならば、太郎の場合は「爆発」という言葉で、熊楠とまったく同じことを表現していると思います。「芸術は爆発だ」

という言葉の「爆発」とは、くり返しますが、爆弾が爆発するようなことではなく、いのちが音もなく宇宙にパーッとひらく、精神が宇宙にひらいて拡散し、宇宙と合一する、という意味なんですね。

この岡本太郎の「爆発」は、人類学者の奥野克巳さんによると、哲学者アンリ・ベルクソンの概念「エラン・ヴィタール」に通じる考え方なんだそうですが、岡本太郎の著作にベルクソンの話は出てきた記憶がないので、もしかしたら、バタイユ経由でベルクソンの思想が、太郎の「爆発」に合流しているのかもしれません。

いずれにせよ、熊楠の「直入」と太郎の「爆発」は「即」で結ばれる概念ですし、まったく同じ感覚を持っていたのだろうと、僕は思います。生きた時代が少しずれているために互いに接点はありませんでしたが、同じものを共有しているんでしょうね。

唐澤：「エラン・ヴィタール」、生命の跳躍ですね。ベルクソンは、生物は生命の大いなる息吹の中でぐるぐると回転しているということを言っていますが、この回転あるいは螺旋運動の形は「南方マンダラ」にも通じるものを感じます。それにしても太郎は非常にシャーマン的ですね。

石井：そうですね。実際、太郎も芸術家がシャーマンや呪術師的な役割を現代社会で負っていることを意識していたようです。「爆発」がバタイユの「死を前にした歓喜の実践」とつらなるものだとしたら、太郎の「黒い道」を選ぶという自身に負荷をかける生き方そのものが、シャーマニス

＊54　南方熊楠「一九〇三年七月十八日付土宜法龍宛書簡」『往復書簡』三〇〇頁。

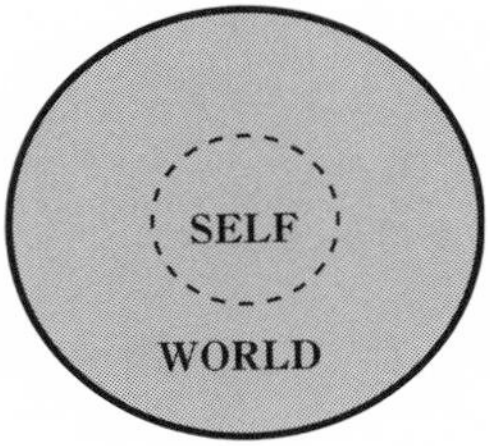

図１　Primal World View

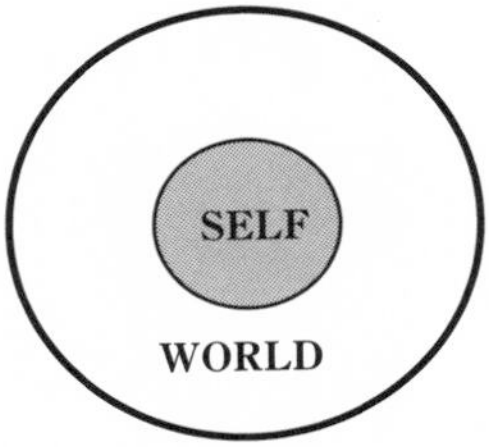

図２　Modern World View

ティックな精神の「爆発」を呼び起こすための日々の実践だったようにも思えます。「黒い道」を選ぶというのは、人生の岐路に立った時、一方の道を選ぶと自分は失敗するのではないか、死んでしまうのではないかと恐れるような道を選ぶということです。あえてそういう危険な道に自分のすべてを賭ける。

それは自分にとってマイナスなこともかもしれないし、死んでしまうかもしれない。しかし、だからこそ、あえて死に向かうような道に、常に己を賭けることで、逆に生が盛り上がってくるというような選択を、太郎は人生の節々で実践していた。おそらく、精神が宇宙にひらき、「もう一つの自分」と合体するというシャーマニスティックな「爆発」を起こすためには、そのような「黒い道」を選ぶという決断が糧になっていた、必要だったのではないかと思います。

唐澤：今の太郎の「爆発」の話の中で、精神と宇宙というワードが出てきましたが、もう少しこの議論を深めるために、このような図をお見せしたいと思います。この図は占星術家で哲学者のリチャード・タルナスが示したものです。[*55] タルナスについては、心理占星術研究家の鏡リュウジさんから教えていただきました。タルナスは、図1で「プライマル・ワールド・ビュー」を示しています。つまり「近代」より前のいわゆる「脱魔術化」される前の人間の視座です。一方、図2をタルナスは「モダン・ワールド・ビュー」と言っています。「近代」以降の視座ですね。この「ワールド」と書いてある場所が、石井さんの言う宇宙、あるいは熊楠の言う「大宇宙」と言ってもいいと思うんです。それで、真ん中に「セルフ」つまり自己があります。ポイントは、図1においては、「セルフ」の枠が点線になっていることです。自己が完全には閉じていない。つまり、かろうじて自己を持ちながらも「大宇宙」とつながっているわけです。図2のように自己の枠を明確にし、生も死もすべてが充満している「大宇宙」と切り離されてしまうと、そこに真の「歓喜」は生じない。

対象に「直入」することは「大宇宙」とのつながりを回復することだと思うんです。自己という壁が溶解して、「大宇宙」や森羅万象に直接的につながる。岡本太郎が言う「爆発」とは、このようなことなんじゃないかと思うんですよね。

石井：宇宙とのつながりを回復する、まさにその通りですね。セルフとワールドが一体化してしまうということですね。

唐澤：このことを熊楠は「直入」と言い、岡本太郎は「爆発」と言った。

石井：ええ。熊楠はそれを「粘菌」に見出し、太郎は「縄文」に見出したということでしょうね。

＊55　Richard Tarnas, *Cosmos and Psyche*, New York, Plume, 二〇〇七年、一八頁。

唐澤：そうでしょうね。

「モダン・ワールド・ビュー」と「プライマル・ワールド・ビュー」の往還

唐澤：熊楠にしても太郎にしても、さまざまな問題があったとはいえ、実際に社会生活を営んでいました。ですから、常に「直入」しっぱなし、「爆発」しっぱなしということではなかったと思います。「プライマル・ワールド・ビュー」に立ったとしても、再び「モダン・ワールド・ビュー」のほうに戻ってきていたと思います。そうしないと、この「近代」社会で生きていくことは、なかなか難しいと思います。もちろん二人とも、縄文的、あるいは粘菌的な人として、常にこの社会で生きづらさは感じていたでしょうけど。要するに、彼らは、二つの視座を行ったり来たりすること、つまり往還する力にとても長けていたのではないかと思うのです。

「モダン・ワールド・ビュー」に凝り固まってしまうと、「世界」そのものと自分との間に厚い壁ができてしまいます。それだと「世界」そのもの、あるいは「大宇宙」というものを深く知ることはできません。本当にそれを知ろうとするならば、「直入」し、「爆発」しなければいけない。この「プライマル・ワールド・ビュー」というのは、「プライマル」ですから、つまり一般的な原始的、野生的といった意味でのみ捉えると、私たちは、ともするとそれを遅れているものとか乗り越えるべきものと考えがちです。それこそ、進化論的な発想で、「モダン・ワールド・ビュー」は、「プライマル・ワールド・ビュー」の末に人間が勝ち取ってきたものと思うかもしれません。しかし、本当にそうでしょうか。仮にそうだとしても、「プライマル・ワールド・ビュー」は消滅したりはしません。当然、「プライマル・ワールド・ビュー」に戻ればそれで良い、という話ではありません。その視座を忘却してしまうことに問題があると思います。熊楠にしても太郎にしても、やはり「プライマル・ワールド・ビュー」のほうを重視していた。大事なものがそこにはあると気づいていたんだと思います。

石井：その視点は、とても面白いですね。「モダン・ワールド・ビュー」と「プライマル・ワールド・ビュー」の往還ということで言えば、先ほども引用した太郎の創作に関する文章で語られている「作者」と「素材」の関係性も、そっくりそのまま当てはまります。作者と素材が向き合う前は、両者ともに「モダン・ワールド・ビュー」の状態です。両者が向き合い、作者が素材に精神を凝縮すると、両者はかみ合い、絡まり合って融合してしまう。

つまり、太郎が素材とともに制作している最中の状態が「プライマル・ワールド・ビュー」です。その後、作品が完成を迎えると、作品は太郎から分離し、自立した他者となるというのですから、作者と作品は「モダン・ワールド・ビュー」の状態に戻っている。

この太郎の創造における往還は、同じことのくり返しではなくて、いったん両者が合一して分離しているので、新たな存在に変換されていると見るべきでしょうね。作者と素材は互いに往還することで成長している、あるいは別の存在に生まれ変わっている、と言っても良いかもしれません。

こう読み替えると、「モダン・ワールド・ビュー」と「プライマル・ワールド・ビュー」の往還について、太郎もタルナスとは別の表現で言及しているのではないかと思います。それは制作時の二者間関係だけでなく、これと入れ子状の太郎と宇宙という二者間関係においても、同じことが言えます。そして、そこには「爆発」が介在している。

太郎が「人間存在自体がそのようなプロセスを内包している」と言っているのを、モダンとプライマルの往還というプロセスが「人間存在自体」に内包されていると読むならば、原初の時代から人間はその往還をくり返してきたと言っていると読み替えられます。また、「強烈な意識をもって行為する」ということが「爆発」に対応するのであれば、二つの視座の往還には「爆発」が必要だ、と言っているように思えます。

とはいえ、唐澤さんがおっしゃるように、「爆発」の状態にずっと没入している状態を想像すると、気がふれてしまいそうです。なので、「爆発」から脱して離れる必要がある。ただ、太郎の場合は、意識的にプライマルな状態から離脱するのではなく、自ずとそうなります。作品制作の現場では、主体である作品が、融合したつくり手から勝手に離れて独立し、自ずと完成していくからですが、太郎は自然な流れに身をまかせ、二つの視座を往還しながら作品を制作していたのかもしれませんね。

あの《太陽の塔》も、そのような往還の中でつくられたものですし、全宇宙を丸ごと表現したようなものです。万博開催当時の塔の仕掛けを見れば、そのことがよくわかります。テーマ館である塔に入る前に、来館者は地下へ降りていきますが、そこでは宇宙の始まりであるビックバンの体験から始まって、生命の誕生、生命の進化、人類の誕生を辿って、丹下健三設計の未来空間へ移動し、胎盤形の《母の塔》を経由して地上に降りてくる。《太陽の塔》の地下は過去であり、地上は現在、空中の大屋根は未来という設定だったので、過去・現在・未来のすべての時間が、塔の立つ場所に凝縮している。それこそ《太陽の塔》は、熊楠の「大宇宙」そのものと言ってもよいものなのかもしれない。化粧品じゃないですが、オールインワン（笑）。すべてが詰まっているんです。

唐澤：私は、「直入」「爆発」した後、「モダン・ワールド・ビュー」に戻ってきて、初めてその「事実」を知ることができると考えています。つまり、「プライマル・ワールド・ビュー」にいながらにしてそれを客観視することは難しいということです。そして、そこに立ち現れたものと対峙するには、やはり「自己という壁」が必要になってくるはずです。

今、時間の話が出ましたが、改めて気になるのは熊楠と太郎の時間感覚です。熊楠は過去→現在→未来というように直線的な時間の矢は存在しない、あるのは今この瞬間だけだと言っています。例えば「大日に取りては現在あるのみ。過去、未来一切なし」[*56]などと言っています。このような表現は彼の文章のいたるところに見られます。彼は、今この瞬間にこそすべてが凝縮されている、と考えていました。ふつうは、三次元的な空間で何かを認識したり、時間の矢に沿って物事を思考す

＊56　南方熊楠「一九〇三年八月八日付土宜法龍宛」『往復書簡』三三五頁。

ることが「当たり前」と思われていますが、熊楠はそのような「常識」を超えていました。例えば、那智の山や森で体験した幽体離脱なんて、非常に高次元的ですよね。先ほど話した文字が逆行する現象も、通常の時間の矢では考えられませんし。熊楠は、多くの人たちが当然のことのように考えている三次元的な空間や時間の矢について疑問視していました。けれども、一般社会ではそれが常識とされていて、いやむしろ常識として返り見られることすらないほど浸透しています。だから、そのような感覚を疑問視するような自分は、もしかしたら「狂人」なのかもしれないと思っていたのですね。

石井：なるほど。もしかしたら、太郎と熊楠の「自己という壁」は、大きさや厚さ、透過性といった性質が調整可能な細胞膜のような壁だったのかもしれませんね。すぐにマクロな宇宙へ溶けだせてしまうほどの大きさと透過性を持ち、ミクロな粘菌とも相互に浸潤してしまう。かと思いきや、厚く強固な唯一無二の個性の壁をつくっていたりするので、そういう融通無碍な壁のあり様は、ひょっとすると壁自体がなかったかもしれないとも思えてくる。

二人とも西洋体験があり、西洋の文化や思想にどっぷり漬かった時期がありましたが、彼らが西洋由来の人間中心主義者かといえばそうではないし、主客二元論や心身二元論に染まっていたかというと、まったくそうは考えられない。あるいは、人類学者のクロード・レヴィ＝ストロースの言う「科学的思考」で世界を捉えていたかといえば、むしろそれに対抗する「野生の思考」や「神話的思考」で二人は世界を捉え、野性的な芸術と学問を携えて生きていた。でも、太郎も熊楠も「爆発」して「直入」しっぱなしというわけではなかったので、狂人ではないですよ（笑）。

唐澤：ええ、しかし「直入」し「爆発」している時間の長かったであろう彼らを見ると、多くの人たちは「狂人」と言うでしょう。けれども、真実はそういう「常識」を超えたところにあるんだと熊楠はわかっていたんだと思います。おそらく太郎も。熊楠は、端的に「時間と空間は云々といふもの、之を定りて動かすべからざると心得るも、そは科学上のことに止り、狂人などにはそんなことなし。…（中略）…無終無始なるのみならず、過現未来の差も無しと知り、心強く養生して成るままに為すの外なしと知れ[*57]」と言っています。

石井：岡本太郎も「瞬間、瞬間」とあちこちで言っています。熊楠にとっての時間には、過去も未来もない。現在、ただこの一瞬、瞬間だけがある。瞬間の連続です。ですから、太郎の時間感覚も、熊楠とまったく同じでなんですよね。線ではなく、点で表される。この時間感覚も「野生の思考」的です。グレートジャーニーで有名な探検家の関野吉晴さんから教えていただいたんですが、ブラジルの先住民ヤノマミ族の時間観念も「今」しかないそうです。ですから、熊楠も太郎も変人で狂人だなんて言われたけれども、まったくそんなことはない。仲間は世界中にいる！

唐澤：熊楠は、他の人たちが自然に受け入れている時間の矢というのが、不思議で不自然なものに感じていたと思います。そして、自分の感覚に深く確信を持っていました。その背景には、おそら

＊57　南方熊楠「一九〇二年三月二十五日付土宜法龍宛書簡」『高山寺書簡』二六四頁。

く那智の森で触れた華厳思想の影響もあったと思います。彼は華厳思想の綱領書である『華厳五教章』を那智隠栖期に熱心に読んでいます。

熊楠とほぼ同時代の仏教学者の鈴木大拙が『華厳の研究』という本を書いていますが、その中で、こんなふうに言っていますね。

この霊性の世界には過去現在未来といふ様な時間区分は存在しない。それらはすべてみな生命がその真実の意味に於て震動する現在の一瞬時に摂《おさ》められる。[*58]

この言葉は、熊楠が感じていた「リアル」に非常に近い。

ちなみに、熊楠の日記からは、大拙と熊楠が、書簡でやりとりしていたことがわかっています。けれども、それらの現物は未発見です。もしかしたら大拙と熊楠は、書簡を通じて、華厳的真実や霊性の世界についてとても深い話をしていたかもしれません。

これまで、熊楠は真言密教に関連して語られがちだったのですが、中沢新一先生や私が注目しているのはやはり熊楠と華厳思想の関係ですね。特に華厳で言われている時間感覚や時間概念と、熊楠自身の実感として持っていたものとの共通点について、私も研究しているところです。

石井：『華厳経』について、僕は不案内なのでコメントできないのですが、岡本太郎の「爆発」についての発言の中に、「爆発」と時間が結びつけられて語られているものがあります。「全身全霊が宇宙に向かって無条件にパーッとひらくこと。それが爆発だ。人生は本来、瞬間瞬間に、無償、無目的に爆発しつづけるべきだ。いのちの本当のあり方だ[*59]」と、太郎はこんな表現もしているのですが、大拙の「生命がその真実の意味に於て震動する現在の一瞬時に摂められる」と重なり合っていますね。太郎・大拙・熊楠は、使っている単語が違うだけで、いずれも同じことを言っている。世界の本質を捉えているのでしょうね。

唐澤：熊楠は粘菌を研究したり、森の中で瞑想的に顕微鏡を覗いたりする経験や華厳思想に触れる経験などによって確信を得ていったと思うのですが、太郎の場合には、いったいそれはどこからやってきたのでしょうか。やはりそこにもバタイユからの影響が深く関わっているのでしょうか。

石井：僕はバタイユを読み込んでいるわけではないので、当てずっぽうではありますが、奥野克巳さんが言うように岡本太郎の「爆発」がベルクソンの「エラン・ヴィタール」と共鳴しているとすれば、同時代のフランスの哲学者であるベルクソンをバタイユが読んでいないはずもなく、バタイユの「爆発」にもベルクソンが絡んでいる可能性はあると思います。もしかしたら、太郎もベルクソンを読んでいたかもしれませんし、そのあたりのバタイユとベルクソンの関係は実際はどうだったのか、バタイユやベルクソンの研究者に聞いてみたいところです[*60]。

＊58　鈴木大拙『華厳の研究』法藏館、一九五五年、七〇頁。
＊59　岡本太郎『自分の中に毒を持て――あなたは〝常識人間〟を捨てられるか』青春文庫、一九九三年、一九一頁。

他方、熊楠の時間観念が華厳経に影響を受けているとすると、ヘーゲルやベルクソンの現象学と『華厳経』の時間に対する捉え方の異同も気になります。というのも太郎は、両親が仏教研究者でもあったので、渡仏前に『華厳経』に触れている可能性があり、ヘーゲルについては、パリ時代にアレクサンドル・コジェーヴのヘーゲル講義を聞いていたと太郎は言っているので、ベルクソンも含め、そのあたりの思想史を紐解いてみると、太郎の時間観念や「爆発」と熊楠の時間観念や「直入」が共鳴しているのは、もとを辿ると何に起因しているのかがわかるかもしれません。

いずれにせよ、バタイユも「爆発」を多用しているので、直接的にはその影響が強いと思いますが、太郎はバタイユを教祖のように崇めていたわけではないですし、彼の思想を一字一句違えず、そのまま実践したというわけでもないと思います。バタイユを誤読をしながら、対面での応答でもズレを生じながら、バタイユの思想を自分なりに咀嚼して血肉化していったのでしょう。

唐澤さんの問いに答えると、先ほども言いましたが、やはり太郎にはバタイユとともにいた「森」での霊的体験、つまり、全宇宙と合一した感覚が根っこにあるんだと思います。その体験が、全身全霊を宇宙にひらく「爆発」とピタリと重なり合うからです。瞬間瞬間に爆発し続けることが「いのちの本当のあり方」だと太郎は言っていましたが、「爆発」はバタイユが言っていた「死を前にした歓喜の実践」とも同義だと言っても差し支えないと思います。

多くの人は、岡本太郎の「爆発」のイメージを、縄文時代の火焔土器の激しい造形に重ねて見てしまいます。といっても、あれを火焔だとイメージしたのは、命名した一人の考古学者だけで、後続の考古学者たちはニックネームとしてしか認識していません。火焔土器を作った縄文時代の人々が火焔をイメージしていた可能性は、限りなくゼロに近い（笑）。おまけに、太郎のパートナーであった岡本敏子さんから聞いた話では、太郎は火焔土器を「深海のイメージだ」と言っていたくらいで、火焔とは対極のイメージを読み取っているんですね。なので、火焔土器＝「爆発」と捉えてしまうと表層的な理解になってしまうし、そもそも太郎の「爆発」は、精神の爆発なので火とは無縁ですから、誤読の域を超え、誤謬を重ねて犯していることになるんです。

脱線ついでにもっと言うと、岡本太郎が美術雑誌『みづゑ』に寄稿した「四次元との対話 縄文土器論」の冒頭に、火焔土器の写真が大きく掲載されていますが、太郎は火焔土器には一切触れていないんです。縄文土器の文様に関する記述を読むと、あたかも太郎が写真の火焔土器を見て書いているかのように読めてしまうんですが、書いた当時、見ていたのは別の様式の土器で、火焔土器という言葉も本文中には一切出てきません。なので誌面の写真に誘導されて、太郎の「爆発」＝火

＊60　この点に関し、後日、鼎談イベントで同席した哲学者の岩野卓司氏に伺ったところ、バタイユはベルクソンの影響を受けてはいるものの、ベルクソンの思想に物足りなさを感じていたし、ベルクソンの「エラン・ヴィタール」は「生」を注視するけれども、バタイユの「生」の究極は「死」と結びつくので、両者の考えは異なるだろうとの見解を頂戴した。したがって、バタイユの「死を前にした歓喜」を実践していた岡本太郎の「爆発」と、ベルクソンの「エラン・ヴィタール」は結びつかないと思われる。また、後述するバタイユと太郎の「爆発」も部分的に重なり合うがズレが多く、同一の概念ではないことも岩野氏との対話で判明したことを付記しておく。

焔土器とイメージしてしまう人がいても仕方がない面はあるのですが、完全なる誤解です。

唐澤：なるほど、そうなのですね。私自身そのようにイメージしていました。

石井：太郎の縄文土器論で「爆発」と結びつくキーワードは「四次元との対話」です。「爆発＝四次元との対話」と言ってもいいくらい。つまり、つくり手と粘土の対話・融合・分離の制作プロセスにおける「対話」が精神の「爆発」であり、作者と粘土のいのちが歯車のようにかみ合い、融合して溶け合っている「場」が「四次元」なんですね。熊楠で言えば「直入」してつながる「大宇宙」が「四次元」でもある、ということです。この太郎の「四次元との対話」は、僕は実体験として感覚的によくわかります。

粘土の中にダイブし、粘土の意思をくみ取らないと生まれ得ない姿形が縄文土器にはあって、それを太郎は嗅ぎとることができたのでしょう。単なる観察やものまねやトレースでは見えてこない、奥深い領域にある粘土の声を聴き取る作業です。それは「もう一つの自分」との対話でもあるわけですが、熊楠も「直入」して粘菌と対話し、そこから見出す自身の片割れとしての粘菌の思考や世界があったのだろうと思います。そこが太郎と他の同時代の作家たちとは異なるところだったのかもしれない。

ちょっと昔の石工は石の声を聞き、大工は木の声を聞き取り、陶芸家は粘土の声を聞き分け、モノをつくり使っていた。*61 当たり前のことであったはずなんですが、僕らはどこかで聞き流してしまっている。今でも多くの先住民にとっては当たり前の感覚です。太郎が言っていたように、「人間存在自体」に本来的に「内包」されているものです。そういう「野生の思考」の拡張された五感を、現代社会に生きる人々は、まるで捨ててしまったかのように、意識しないようにしているので、太郎や熊楠の言っていることがよくわからない。わからないから社会からはみ出した変人・狂人、よく言えば、天才扱いをすることで線引をし、理解の及ばない異物として切り離してしまうんでしょうね。僕もよく変人扱いをされますが（笑）。

しかし、心理学者のチクセントミハイらの一連の研究で、太郎の「爆発」や熊楠の「直入」とよく似た「フロー体験」[*62]は、限られたエリートやプロフェッショナルな人々にだけに起きる現象ではなく、ごく一般の人々の単純労働作業においても起きる体験であることが突き止められています。脳科学をもってしてもその仕組みは未だ解明できていないようですが、心理学の研究成果からすれば、天才や狂人限定の特別なものではなく、ごくありふれた現象であり、本来的な人間が備えている知覚の一つだとも言えそうです。

＊61　石井匠「相互浸潤する物・超自然・人――芸術考古学の理論的視座」『季刊考古学・別冊36――心とアートの人類史』雄山閣、二〇二二年、三一―四〇頁。
＊62　チクセントミハイ前掲書。

誤読することと肉体言語

唐澤：太郎の「爆発」＝火焔土器は誤解であることはよくわかりました。一方で、私は「誤読」するとか「深読み」するというのは、学問が展開していく上で結構、重要なことではないかとも思っているんですよね。もちろん、書かれていることや言われたことを正確に理解することは大事なのですが、それをいかにカスタマイズしていくか、どう展開していくかということになると、「誤読」も、程度によりますが、割と重要なんですよね。熊楠は華厳思想以外に真言密教に関心があったわけですが、先ほども触れた土宜法龍からは、「お前が言うことは、仏教学の立場からするとめちゃくちゃだ。だからもっとちゃんと仏典を読みなさい」[*63]と怒られています。でも、そこが、熊楠が熊楠たるゆえんだと思うんです。熊楠が本当に真言密教や華厳思想を一言一句違えず、正確に読み取っていたらこんなに面白い思想も「南方マンダラ」も出てこなかったはずです。法龍にしてみたら、密教学的にあれは厳密なマンダラとは言えないわけです。けれども、熊楠はそれを記すことで、宗旨をある意味において超えて非常に深い思索を行い、独自の思想を打ち出しました。なぜそれが生まれたのかと言えば、やはり熊楠のある種の「誤読」と「深読み」があったからだと思うんです。端的に言えば、ズレるからこそ、転回するということです。

石井：岡本太郎の場合、一応アカデミズムの教育を受けているくせに、彼が書いているものには引用がほとんどないんですよね。読書量は多いほうだと思うので、どこからか取ってきているものもあると思うのですが、論文ではないので、参考文献や引用文献が示されることはほとんどありません。研究者にとって厄介なのは、太郎流の「誤読」と「深読み」によって、自分の言葉に変換していることがほとんどなので、典拠を探ろうにもわかりにくい。典拠がわかったとしても、元の意味で使っているとは思えない。「爆発」はそういう例かもしれません。

しかし、それを一字一句突き詰めて、岡本太郎のここでの発言は誰それの影響だと分析したところで、それでは岡本太郎を理解することにはならないんじゃないかと思います。もちろん、思想史的な意味での位置づけは重要だと思いますが。誤読と深読みの果てに出てきているのは、血肉化された言葉なんですね。岡本敏子さんは、太郎が話す言葉は「肉体言語なのよ」と言っていました。彼の肉体言語を書き留めて編集し、本にしていたのは敏子さんなので、毎日生活をともにしている専属編集者の視点からの見立ては貴重な証言です。つまり、太郎の思想は、精神と身体とが一体化していて分離していない。太郎にとっての作品制作は、思索することでもあるということです。つくる事と考える事が、相補的なフィードバックループを描いているんです。それはつまり、太郎の精神は太郎は素材と対峙し、素材に精神を凝縮することで相互浸潤する。

＊63　土宜法龍「一八九四年三月二十四日付南方熊楠宛書簡」『往復書簡』二三一頁及び「日付不明、南方熊楠宛書簡」『往復書簡』二三七頁参照。

「爆発」しながら、身体は物理的に素材と格闘して制作していたという当たり前の話です。太郎は誤読し深読みしながら、自身と素材の肉体を透して、あるいは、「四次元との対話」を通じて思索を深め、自分の思想を血肉化した「肉体言語」として世に放ち、展開していった。これは、自己の外側にあるはずの見えない「もう一つの自分」との対話と、他者である素材との対話をも包摂するという点で非常にユニークな身心一元論ですが、だからこそ、転回してイノベーティブなアイデアが湧き出てくるのだろうと思います。

唐澤：熊楠の場合、引用元、出典は大抵明らかにしています。どこの誰それが言っているとか細かく記しています。けれども、やはり熊楠で面白いのは、特に書簡の中で、非常に揺れながら持論を展開していることです。法龍との書簡のやりとりの中でそれが一番発揮されている感じがしますね。熊楠は、本来「不二」であるはずの胎蔵界大日如来と金剛界大日如来を、前者が後者を大きく包み込む関係として捉えていたり、「事」や「理」に関しても、その使い方は、華厳思想のそれらとは完全には一致していなかったりします。しかし、そこが面白く、よく言えばオリジナリティがある、悪く言えばミスリーディングということになるかもしれません。

石井さんのお話に「肉体言語」という言葉が出てきましたが、熊楠にもそれは当てはまると思います。彼は、イギリスの粘菌学の権威グリエル・リスターに粘菌の標本と記載文をしばしば送っているのですが、後年リスターは「熊楠の英文は非常に詩的な情熱に溢れていた」[*64]と語っています。要するにそれは、ただ冷静に粘菌を分析した言葉を超えてしまっていて、彼の血肉から湧き出てきたような主体的な言葉になっていたということだと思います。つまり、「陶酔的肉体言語」だったことが想像されます。具体的にどのような記載文だったのかは不明です。しかし、熊楠の粘菌研究の弟子だった小畔四郎や平沼大三郎に宛てた書簡からそれを推測することはできます。それらで、熊楠はスケッチした粘菌の図の横にいろいろと説明文を書いています。それが詩的でとても美しい言葉なんです。例えば「シャボンの泡の如く虹光を放つ」[*65]とか、「雛人形の顔の如くつやある白色又は淡黄白色」[*66]とか、具体的でありながら詩的な響きがあります。とても語彙が豊かなんです。このような言葉からは、粘菌にどっぷりと浸かりながら発せられた熊楠の肉体言語を感じます。少なくとも「辞書的」な、あるいは「自然科学的」な言葉遣いではないですよね。

石井：陶酔的肉体言語！　太郎もまさにそうですね（笑）。

＊64　グリエルマ・リスター「日本産粘菌について」『英国菌学会報』五号、一九一五年、『南方熊楠百話』（高橋健次訳、飯倉照平、長谷川興蔵編）八坂書房、一九九一年、二九四頁参照。

＊65　南方熊楠「一九二六年四月十一日付平沼大三郎宛書簡」『南方熊楠 平沼大三郎往復書簡［大正十五年］』南方熊楠顕彰館、二〇〇七年、六三頁（以下『平沼書簡』と略記）。

＊66　南方熊楠「一九二六年四月二十日付平沼大三郎宛書簡」『平沼書簡』、八五頁。

森に入ることと森から出ていくこと

石井：岡本太郎のパリ時代の「森」での体験について、彼の作品を見ながら少し補足しておきたいと思います。太郎は中国から復員した戦後まもなくに活動を再開しますが、一九四七年に描いた油彩の絵画に《夜》（次頁上段）があります。前の話でも少し触れましたが、この絵の中心には、雷に撃たれて二極に裂けた樹が立っています。枝や幹の一部が黄色であるのは、電撃を受けた樹が雷を帯びていることを示しているのでしょう。枝の間からは赤い炎が二つ揺らめき、樹の根元はストーンサークルのような石で囲われています。面白いのは、二つの炎を両目、根元を囲う石を歯として見ると顔が浮かびあがる、だまし絵になっているところです。

言うまでもなく、この火と雷と石を纏う樹木は、秘密結社アセファルが行っていた夜の森での儀礼の場に立っていた、あの電撃を受けたオークの樹に違いありません。この得体のしれない魔物を思わせる顔をもつ樹に、一人の女性が対峙しています。彼女は刃物を背に隠しながら対峙しており、彼女が見上げているのはだまし絵の顔ではなく、木の枝に隠れた髑髏です。かつて太郎が踏み入れた森の奥にいる女性は、母・かの子の可能性が高いですが、髑髏は「死」を象徴し、髑髏と人間の対峙は、秘密結社の「死を前にした歓喜の実践」を表しているのでしょう。短剣もまた、秘密結社の入会儀礼に用いられたアイテムでした。

岡本太郎《夜》1947年（油彩・キャンバス）
画像提供：公益財団法人岡本太郎記念現代芸術振興財団

岡本太郎《電撃》1947年（油彩・キャンバス）
画像提供：公益財団法人岡本太郎記念現代芸術振興財団

また同じ年、太郎は《電撃》（前頁下段）という絵も描いています。この絵は《夜》と対になる作品です。《夜》は雷に撃たれた樹が主たるモチーフの一つでしたが、《電撃》の主たるモチーフは、中央の大地です。この大地は《夜》の樹と同じように、だまし絵になっています。大地は聖母マリアの横顔のようにも見えますね。おそらく、これも母・かの子が重ねられていると思いますが、この母なる大地の丘の上に立つ半裸の男が、父なる電撃を一身に受け、のけ反っている。

ところが不可解なのは、タイトルの《電撃》からすると、男性が雷に撃たれていることを連想させますが、天から入道雲を切り裂いて大地に降りそそぐ、ピンク色の《夜》の樹の枝のようなものが雷だとしたら、これらは、のけ反る男を避けています。半裸の男がのけ反る原因は、どう見ても大地を這いずり回って伸び上がってくる赤いリボンのほうです。半裸の男性は胸に赤いリボンのアタックを受け、のけ反っていると見るほうが自然です。「電撃」と「大地」は秘密結社の鍵概念ですし、のけ反る男性のモチーフは、太郎の作品にさまざまなパターンで描かれていますが、これはおそらく岡本太郎自身です（詳しくは拙著[*67]を参照）。

《夜》に描かれる裂けた樹は、秘密結社が森の奥で儀式を行っていた場の中心に立つ、雷に撃たれたオークを表し、《電撃》は大地の上で岡本太郎自身が赤いリボンの電撃を受けている。つまり、《電撃》の男は《夜》の雷に撃たれた樹の変換である可能性が高い。実際、パリ滞在中の太郎が描いた母・かの子の小説『生々流転』の装丁画を見ると、表紙に《夜》と同じ裂けた樹木のモチーフが描かれ、本の箱絵には《電撃》と同じ、のけ反る男が描かれていますが、のけ反る無頭男の身体からは、樹木の枝が生い茂っているんですね。のけ反る無頭男は樹木でもあるんです。

そこで問題になるのが、雑誌『アセファル』の「死を前にした歓喜の実践」という秘密結社の経典的なテクストです。この中の「私は私自身の死の凍てついた瞬間を思い描く」という一文に付された原注に、Xという人物が見た雷にまつわる夢が書かれています。

> ある夜、夢でXは自分が雷に貫かれるのを感じる。彼は自分が死ぬのがわかる。そして彼はたちまち奇跡のようにまばゆい光に照らされ、変貌させられる。彼の夢のこの瞬間に、彼は思いがけないものに達するのだが、しかし彼は目を覚ます。[*68]

これが「死の凍てついた瞬間」の夢なのでしょうけれど、なんとも意味深な文章です。Xという人物が雷に貫かれて死ぬけれど、まばゆい光に照らされることで「思いがけないもの」にメタモルフォーゼするという、この「死を前にした歓喜の実践」の原注テクストと、岡本太郎の二枚の絵は無関係ではないでしょう。二枚の絵には「死を前にした歓喜の実践」を行った場所と、雷に貫かれたXが描かれているのですから。とすると、二枚の太郎の絵は「死の凍てついた瞬間」を描いたも

＊67 石井匠『謎解き太陽の塔』幻冬舎新書、二〇一〇年。
＊68 ジョルジュ・バタイユ他『無頭人《アセファル》』現代思想社、一九九九年、二二七頁。

のなのかもしれませんね。
一九四七年という戦後の焼け野原からの再出発する時期に、なぜ、太郎は《夜》と《電撃》という秘密結社の儀礼に直結する絵を描いたのか。それは、バタイユたちとは別れたけれども、自分は彼らの意思を継いで戦後の日本で闘っていくのだ、という決意表明だったのではないかと僕は思います。太郎はそういうことは何も語っていないのですが、二枚の絵によって、そう宣言しているのではないか、というのが僕の見立てです。

唐澤：そうか、のけ反っている人物が岡本太郎なのですね。

石井：ええ、おそらく太郎の自画像です。のけ反っているだけでなく、首から上、頭がないようにも見えます。

唐澤：まさしくアセファル（無頭人）ですね。

石井：ええ、そういうことなんですよ。アセファルの像も頭がないですからね。太郎は無頭人に自分を重ねているのでしょう。そしてXに重ねられた、のけ反る無頭の岡本太郎のモチーフは、赤いリボンの稲妻が両脇を貫き、首が切られた《太陽の塔》にまでつながっていくはずです。

唐澤：バタイユが書いているXという人物は、もしかしたら岡本太郎のことなのでしょうか。

石井：どうでしょうか。「死を前にした歓喜の実践」というテクストは、メンバーたちが共有した経典のようなものですから、Xとは特定の個人のことではなく、メンバー一人ひとりのことを指しているのではないかと思います。メンバー全員がXであり、太郎もその一人だという意味では、X

は太郎でもある。

　また、秘密結社ではありませんが、その後、岡本太郎は《夜》の絵にちなんで名付けた「夜の会」という集まりを始めています。他のメンバーはどこまで意識していたかわかりませんが、太郎は秘密結社アセファルを意識していたところもあったと思います。パリではバタイユが盟友でしたが、戦後の日本で出会った花田清輝が日本での太郎の盟友になります。一九四六年に花田が書いた『復興期の精神』を読んだ太郎が共鳴し、二人で前衛芸術運動を始めようということで、そこに埴谷雄高や野間宏、椎名麟三、安部公房らが集まってきたわけです。ただ、「夜の会」の活動を見ていると、秘密結社アセファルの表の顔として存在した社会学研究会のほうが近いですね。

　「夜の会」は、太郎や花田に共鳴する同志たちを集めて日本の画壇や文壇を改革するという意識を持って立ち上げたと思いますが、太郎にはバタイユの無痛革命の意志が念頭にあったのではないかと思います。

唐澤：熊楠の場合は、「夜の会」のような集団をつくることはなかったですね。晩年には「南方熊楠植物研究所」をつくろうという話もあったのですが、資金のことなどで揉めて、結局、立ち消えになってしまっています。神社合祀反対運動でも、例えば「熊楠組」のようなものをつくって云々、ということではありませんでした。熊楠自身が中心になって人を集めて、ということはなかったように思います。もちろん、慕ってくる人はたくさんいたのですが。求心力はあるけど、まとめることができない人物でした。

石井：太郎はパリ時代に、複数の芸術運動に参画した経験があったことが大きいのでしょうね。当時のパリには、太郎が参加したもの以外にも、さまざまな芸術運動の団体があったので、有志を集めて共闘する、団体活動で社会変革を起こしていくという考え方の影響もあったでしょう。太郎がパリにいたのは、第一次大戦と第二次大戦の戦間期という特異な時期でもあり、スターリンにムッソリーニ、ヒットラーの台頭による激動の緊張感の中で生まれた、秘密結社という稀有な共同体運動の只中に太郎は身を置き、結果的には雲散霧消してしまうのですが、知的エリート集団による社会革命のいろはも学んだんだと思います。

ある意味では、《太陽の塔》にもバタイユの社会革命の思想が流れこんでいるとも言えます。大阪万博のテーマ・プロデューサーでありながら、就任以前から一貫してテーマの「人類の進歩と調和」を批判しまくり全否定するだけでなく、国威発揚を目的とした国際見本市を、彼は誰も求めていないのに神聖な祭りにつくり替えようとした。全宇宙を内蔵した巨大な神像を立て、反万博を貫くという態度には、バタイユ由来の革命家意識があったのかもしれない。

唐澤：そうですね。太郎がやったことはまさに「神聖な祭り」であって、いわゆる「お祭り」ではなかった。

石井：ええ。熊楠は自分が大切にしている鎮守の森の御神木を守る活動をしたわけですが、太郎にとっての鎮守の森の御神木は、パリ郊外の森の奥にある雷に撃たれた樹であったのでしょうし、《太陽の塔》の内部には背骨となる「生命の樹」という御神木をつくり上げ、その鉄骨の世界樹を

いわゆる「林中裸像」（1910年）　南方熊楠顕彰館（田辺市）所蔵

中心とした神聖な祭りの力によって、世界を変えようとしていたんだと思います。

唐澤：熊楠は個人的な動機や自分の気持ち、感情をとことん突き詰めていくところがあります。彼自身、革命家という意識はなかったと思いますが、個人的な動機を極限まで掘り下げていけば、それが「大宇宙」につながるという感覚はあったと思います。神社合祀反対運動もそうですが、個人的な思いを突き詰めれば、世界は変わっていく、変えることができるという意識はあったのだろうと思いますね。「深読み」かもしれませんが（笑）。

石井：岡本太郎の場合は、大衆は啓蒙しなければ変えられない、という意識が強いと思います。だから『今日の芸術』という芸術の啓蒙書を最初に世に出したのですが、人口に膾炙するような文体にしたのも、より多くの人に広めなければならないという使命感があったのだろうと思います。とはいえ、あの文体は編集者に膝詰談判され、徹底的にしごかれ教育されてできあがったものらしいですけれど（笑）。

という話をしながら、ふと思ったのですが、南方熊楠は「森」に入っていった人、岡本太郎は「森」を出ていった人、という違いがあるのかもしれませんね。太郎は森から出て、自分の思想を世に広めていく。そのための手段としてテレビなどのメディアに多く自分を露出させたのでしょうね。最後は笑い者にされていましたが、手段を選ばず、とにかく広めていくという選択をした。いくら誤解され、馬鹿にされようとも、自分をさらけ出していく「黒い道」を選んだのだと思います。結果として、知名度は上がったものの、世間からは変人扱いされ、誤解まみれになってしまいましたが。

唐澤：そうかもしれませんね。また、熊楠の不思議なところは、変人的な自分を非常にさらけ出すところがある点です。半裸で大木の横に立っている写真「林中裸像」なんかその典型ですね。自分を写真で撮らせたり、メディアに露出させたりするということを彼がどのように考えていたのか。熊楠が太郎のように「黒い道」を意図して選んだのかは正直わかりません。この点についてはまだ十分には研究されていませんが、非常に重要だと思います。そこには単なるパフォーマンスを超えた何かがあったはずです。

石井：「林中裸像」の半裸の熊楠を見て思うのは、《電撃》に描かれた半裸の太郎像と似ているなということと（笑）、もしかしたら、本当は裸になりたかったのかもしれないな、ということです。

森にいる樹木や動物たちは、服など着ていない。素っ裸でその場にいるので、彼ら彼女らとの連帯感を示すには、寒かろうが裸のほうがメッセージ性は強いですから。けれど、世に訴えるには下半身は隠すしかなかった……足袋と草履は履いているので、深読みしすぎかな（笑）。

第二章　南方家の人々、岡本家の人々

南方熊楠と岡本太郎の家族関係

――第一章では、「プライマル・ワールド・ビュー」のように世界の認識の仕方、あるいは言ってしまえばより存在論的な部分においても、時間の感覚においても、南方熊楠と岡本太郎は非常に共通するものがあるというお話でした。二人とも「森」という非常に象徴的な場所で出会った不思議な体験によって、そこから世界に向かって開かれていったわけですが、南方熊楠の場合、真言密教や華厳思想という宗教的なものとの出会いも強いわけですね。岡本太郎の場合はどうかというと、例えば、太郎の両親もさまざまな宗教遍歴があったと思います。特に岡本かの子は仏教にかなり傾倒している印象があります。南方熊楠、岡本太郎の信仰や宗教観について少し深掘りするという意味でも、家族との関係、どんな環境で育ったのかという点についても本章では見ていければと思いますが、いかがでしょうか。

石井：前章でも少し話しましたが、岡本家は社会通念に照らせば、かなり特殊な家族です。岡本家と親交のあったノーベル文学賞作家の川端康成は、かの子をキリスト教の聖母マリアになぞらえ、岡本家を「聖家族」[*1]と言っていますが、そこに至るまでには、一平の放蕩による妻子の困窮と離散危機があり、改心した一平が、自身に替わって放縦を極めた妻のすべてを受け入れ、性愛の一切を経ち、かの子を観音として崇めるようになるという、小説の設定でもなかなかありえなさそうな夫婦関係です。

息子の太郎はというと、そんな両親との対話の中で、仏教に関心は抱いていたでしょうし、後年、仏教の高僧らと対話をしている。彼らと対等に議論ができてしまうところからすれば、趣味の域をこえ、相当な知識を持っていたのではないかと思います。太郎の著作を見ると「芸術即人生」「芸術即呪術」「一即多」とか、仏教的な言葉を使って表す発言が出てきます。密教の両界曼荼羅にも関心を示しているし、仏教関連のさまざまな文献を多読していただろうと思います。

ただ、その知識を前面に打ちだしてはいないところがあって、大人になってから無神論者であることを明言していますが、両親の宗教遍歴との関わりの中で、渡仏前の青年期に太郎自身の信仰がどのように変遷したのかは、よくわからないところがありますね。

唐澤：熊楠の両親は真言宗の信仰者で、また南方家の菩提寺は新義真言宗根来派の延命院です。幼少期、熊楠は両親から大日真言を聞かされて育ったそうです。子供の頃、家族で高野山金剛峯寺の

＊1　川端康成「序文」、岡本太郎『母の手紙――母かの子・父一平への追想』チクマ秀版社、一九九三年、三頁。

宝物展を見に行ったりもしています。真言宗は、彼にとって一番身近な宗教だったと言えます。

お話に出てきた「即」というのは、日常的に使われる「○かつ△」というような単純なものではありませんよね。そこには、二つに分かれる以前の初源的同一性があります。つまり、一見すると異なった形状・性状であっても、本来的には同じであるということ。もちろん、教学的には「即」はもっと深いものですが……。例えば、天台教学では今私が言ったようなことは「背面相翻《はいめんそうほん》の即」と呼ばれたりします。また、真言宗における「即身成仏」は、現世にありながら大日如来に結合する究極の奥義とも言えます。「即」は、このような言わば矛盾的事象の共存を可能にするような思考が深いところにセットされてこそ使える言葉ですよね。熊楠は、キリスト教やその他宗教を認めながらも、やはり西欧近代科学への対抗心からか、仏教思想からは生涯離れませんでした。おそらく、この矛盾的自己同一とも言える「即」に大きく共感し、両極を相互浸透させるような考え方に、科学的思考を乗り越える大きな可能性を見出していたのだと思います。それは、例えばこれまで述べてきた熊楠の時間の捉え方に関する言葉からもよく伝わってくるものです。

ところで、岡本太郎が軍隊に入隊した時、配属先は陸軍でしたか、それとも海軍？

石井：陸軍ですね。自動車部隊でした。

唐澤：そうですか。当時の陸軍や海軍が重要視した仏教思想は何だったのでしょうね。いわゆる武士道や神道以外にも、仏教の影響も軍隊には大きく関わっていたでしょうし、浄土教系統と密教系統でも違いがあります。

石井：なるほど、そのあたりは不案内ですが、一九六〇年代に太郎は密教に関心を持つようになっているので、関係があるのかないのか、きちんと調べてみたほうがよさそうですね。仏教の話ではないですが、渡仏前、太郎はニーチェに傾倒していた時期があり、渡仏後、両親と離れた太郎は、バタイユと一緒になって活動していたわけですから、反キリスト教的な立ち位置の思想家に強く影響を受けています。それを前提とすると、イコン（聖像画）を描く、ということはしないと思うのですが、太郎はキリストを抱く聖母マリア、具象の聖母子像を描いたことがあるんです。

自発的に描いたのか、誰かに頼まれたのか、不明な点が多い個人蔵の作品なのですが、戦後の一九四六年に描いている。秘密結社アセファルの儀式に連なる《夜》と《電撃》の前年です。不可解なのは、一般的な聖母子像とは異なる点がいくつもあることです。太郎の描くマリアは黒髪で、眼の前のキリストを抱かずに合掌しているんです。単独で描かれるマリア像には黒髪や合掌している例は多くあります。しかし、子を抱かずに合掌するというのは聖母子像としては不自然です。

これらの不自然な特徴は、黒髪で仏教に帰依し、創作活動中には幼い息子を柱に縛りつけていた母・かの子の姿と合致します。太郎の聖母子像は、その後、同じ構図で《母と子》（一〇三頁上段）というタイトルを付され、数枚描かれていますが、次第にデフォルメされ抽象化していきます。

また、イコン関連でいうと、新約聖書の一場面、キリストを裁く立場であるローマ総督ピラトが、キリストが無罪であることを示すために彼を指して言った言葉「エッケ・ホモ（この人を見よ）」をタイトルにした抽象的な自画像があります（一〇三頁下段右）。また、イコンには十字架で磔刑に処されたキリストの亡き骸を、聖母マリアが膝に抱いて哀悼するピエタがありますが、太郎の《ピエタ》（次頁下段左）は母子が逆転し、キリストが母の亡き骸を膝に抱く構図になっています。拙著『謎解き太陽の塔』でも取り上げましたが、太郎が描いた一連のイコンならざるイコンは、太郎とかの子を描いた母子像であり、川端康成が岡本家を「聖家族」と評したように、太郎は自身をキリストに、母を聖母マリアに見立てていた可能性が非常に高い。

太郎とかの子の関係性をもう少し掘り下げてみると、太郎がまだパリに滞在している頃、かの子は他界してしまいます。彼が帰国する前年、二十八歳の頃です。母の死に目に会えなかったわけですが、母を亡くした後、父・一平と太郎の手紙のやりとりの中に、まさに「聖家族」のイメージと岡本家が重なり合う太郎のテクストが残されています。


　お母さんは一つの聖火となって燃えつくして、美しい死をしました。

　何故お母さんの死が美しかったのでしょうか。普通に死ぬことは決して美しくはありません。

　お母さんの死は十字架を背負った死だから美しかったのです。

　お母さんは全く神聖ないけにえだったのです。お母さんは自分の生きた世界の十字架を背負ったのです。

　お母さんはいつも、よく生命の負担のことについて話して居りました。

　その意味は十字架の重味だったのです。お母さんもいけにえによって永遠にそのたましい

岡本太郎《母と子》1955年（油彩・キャンバス）
画像提供：公益財団法人岡本太郎記念現代芸術振興財団

岡本太郎《ピエタ》未完成（油彩・キャンバス）
画像提供：公益財団法人岡本太郎記念現代芸術振興財団

岡本太郎《エクセ・ホモ》1963年（油彩・キャンバス）
画像提供：公益財団法人岡本太郎記念現代芸術振興財団

岡本太郎《森の家族》1983年（油彩・キャンバス）
画像提供：公益財団法人岡本太郎記念現代芸術振興財団

に触れる人達によって生かされて行くのです。

信徒がキリストを愛惜したのは磔の下で、次には再生のよろこびが待っていたのです。[*2]

太郎は、母の死を十字架に架けられた神聖な生贄として受け止めている。つまり、磔刑に処されたキリストに母を重ねているんですね。太郎が描いた、母子の位置が逆転する《ピエタ》の意味が、この父・一平宛の手紙に記されている、と読むことができます。ですから、太郎にとって母・かの子は、かけがえのない特別な存在であったことがよくわかると思います。僕も三十代で母を喪いましたが、太郎ほど母の死を純聖化することはありませんでした。

母親が亡くなった、という日本にいる父からの電報をパリで受け取った太郎は、一晩中、パリの街を泣いて走り回ったそうです。大変、大きな喪失感だったろうと思います。十字架を背負った母は生贄として死んだ。自分にとっては聖母のような存在であった母への想いを、イコンとは異質な母子像や逆転のピエタに重ねていたのでしょう。

その半面、父・一平との関係は、かの子の他界後に父を気遣う手紙を送ってはいますが、母との関係と比べると、一般的な父親と息子の関係と同じで、わりとドライです。太郎は『一平かの子——心に生きる凄い父母』という本を出していますが、一平については書いているのは全体の三分の一程度で淡々と思い出を語っているのですが、かの子については、残りの三分の二で思いれたっぷりに語っています。太郎と母親との関係性は濃密で、それは先ほど見ていただいたイコンの構図を作品に引用することで描いている数々の母子像が物語っています。また、もう一つ、《森の家族》(右頁)という作品がありますが、おそらくこれは岡本家の三人を表しているのだろうと思います。

唐澤：母親はどちらなんでしょうか。

石井：左の白い顔だと思います。

唐澤：なるほど。いくつか家族について、太郎は描いているのですね。

石井：ええ。また仏教的な作品となると、イコンの引用作品より時期が降って、一九六〇年代くらいでしょうね。曼荼羅を見たり、おそらく密教のマントラから影響を受けて、カリグラフィックな

＊2　岡本太郎『母の手紙——母かの子・父一平への追想』チクマ秀版社、一九九三年、二五五—二五六頁。

作品を制作しています。仏教美術との関係については太郎が詳しく解説しているわけではないので、研究者が読み解いていくほかないのですが、僕自身はその点を専門にしているわけではないので、正確にはわかりません。

唐澤：その頃の太郎の絵画は、なんだか梵字みたいですよね。ちなみに真言密教のお坊さんとの付き合いはどのようなものだったのでしょうか。

石井：太郎の交友関係は広く、細かくは追えていないので、プライベートの交流まであったのかどうかはよくわからないです。唐澤さんもご存知かと思いますが、岡本太郎の曼荼羅に関する記述が多い『神秘日本』という本があります。その中で、太郎は高野山の宿坊で「貫主に次ぐ『法印』の位の老僧」で「高野山大学の教授でもある学僧[*3]」と対話していますね。

唐澤：その高僧とは誰でしょう。もしかしたら、水原堯榮《みずはらぎょうえい》でしょうか。

石井：名前は明かされていないのですが、本の刊行が一九六四年ですから、それ以前の一九六二年の雑誌取材の際に対話したのでしょうね。

唐澤：そうですか。熊楠と深い思想的交流があった土宜法龍は高野山のトップだったわけですが、その後、座主となったのが、水原堯榮でした。熊楠は若い頃の堯榮に会っています。このお坊さんは必ず偉くなるから大事にしろよというようなことを法龍に言っているのですが、もし太郎の話し相手が堯榮だったら、面白いですね。亡くなったのが一九六五年ですから、仮に会っていたとしたら晩年の頃になりますね。違うかなあ。あるいは堯榮につながる人物かもしれませんね。

石井：太郎の記述ではトップに次ぐ老僧とあるので、水原師とは別の方の可能性が高いですが、もしかしたら、岡本敏子さんの業務日誌を辿れば、当時、太郎が会った人の名前がわかるかもしれませんね。

唐澤：母親は、パリにいる頃に亡くしているのですよね。父親はどうだったのでしょうか。

石井：その後、一平は再婚し、子供も新たにもうけています。一九五四年に一平が亡くなった際、太郎は父親のデスマスクを描いていますね。太郎自身は結婚していませんし、子供もいませんが、敏子さんは養女として、太郎のパートナーになっていました。

唐澤：そうでしたか。一平のその後については知りませんでした。熊楠について言うと、父母ともに、彼が海外にいる時に亡くなっています。ですから死に際には立ち会えなかった。しかし熊楠は、いずれの死も直前に「予知」したそうです。だからなのかわかりませんが、訃報が来てもなんだか割と落ち着いている感じもあります。もちろん、彼の日記の文面のみからの推測になりますけど。

先ほど述べたように、熊楠が真言密教に触れたのは、両親の影響でした。しかし後年、それを太郎のように自分の家族関係をそれに投射したということはなかったように思いますね。熊楠自身は自分のことを「金粟如来《こんぞくにょらい》」（『維摩経』に登場する維摩居士《ゆいまこじ》の前身）の生まれ変わりだとかよく言っていますが。

＊3　岡本太郎『神秘日本』中央公論社、一九六四年、一七五頁（二〇一五年に角川ソフィア文庫から復刊）。

太郎の場合とは違って、熊楠は母親に対しては結構ドライなんです。日記などの資料からも、特に甘えていた様子は見受けられません。一方、父親については経歴から性格までいろいろと書き残していますね。熊楠は、父親をとても慕っていたように思います。

熊楠自身は四十歳で結婚し、息子の熊弥と娘の文枝が生まれます。熊弥さんも文枝さんもお子さんはいらっしゃいません。熊楠の弟の常楠の家系は今も続いています。和歌山に「世界一統」という蔵元があるのですが、常楠の家系の方々が代々続けています。熊楠は、常楠の子供たち、彼にとっては甥、姪にあたりますが、特に嫌っていたわけでもないと思うのですが、特段、何かを支援したり面倒をみたりということはありませんね。息子の熊弥さんが若い頃から病を患っていたこともあり、経済的にも精神的にも余裕がなかったことも関係していると思います。

ちなみに、熊楠の奥さんの松枝は、田辺の闘鶏神社の社司で漢学者の田村宗造の娘です。松枝は熊楠の研究をよく助け、熊楠は「本邦で婦人の植物発見の最も多きはこの者ならん」[*4]とも述べています。熊楠も松枝に感謝していたと思います。しかし、松枝のほうは、熊楠の破天荒ぶりにいつも困惑し、気苦労が絶えなかったと思いますね。

南方熊楠と南方家

唐澤：もう少し、熊楠の家族関係や生育環境について触れておきます。まず、熊楠という名前の由来からお話したほうがよいですね。南方家では、名前に「熊」「楠」「藤」の字のいずれかをつけるならわしがありました。熊楠の姉は、南方くまという名前です。兄は藤吉で、弟は常楠、妹は藤枝、一番下の弟は楠次郎、姪は楠枝と言いました。いずれも「熊」「楠」「藤」のいずれかの字が使われていますよね。そのうち熊楠だけが「熊」と「楠」の二字をつけられています。彼は、自分の名前をとても気に入っていました。当時、新聞などに寄稿する時には、文人はペンネームを用いることが多かったのですが、熊楠はほとんど使っていません。やはり自分の名前に自信があったというか、気に入っていたんだと思いますね。

ちなみに「熊」の字は、しばしば動物の熊からきていると言われることがあります。もちろんその面もあるのでしょうけれども、より正確にはこの「熊」は熊野権現の「熊」なんです。南方家が大事にしていた神社に藤白神社がありますが、同社の御神木が楠でした。熊楠は生涯、楠に強いシンパシーを感じていたようです。彼自身、楠を見るたびに特別な感情になると言っています。

熊楠は幼少の頃、重病にかかったことがあって、父親が付き添って、使用人に背負われて、藤白神社の御神木にお参りしたそうです。すると病気も快癒し、元気に育つことができたということがあり、熊楠は楠に人一倍愛着を持つようになりました。楠は自分の守り神でした。むしろ彼自身が楠と一体だったと言ったほうが良いですね。そのような意味で、熊楠と楠は対称的な次元にあった

＊4　『履歴書』三二頁。

と思います。

熊楠には伝説めいた話がとても多いんです。幼少期のもので有名なのは、『和漢三才図会』についてです。隣町の知り合いの家まで行って『和漢三才図会』を見せてもらい、記憶して帰って、自宅で全部筆写したと言われたりします。しかし、実際には記憶して帰ったのではなく借りてきて自宅で書き写していたようですね。それでもやはり、『和漢三才図会』は事典のようなものですから、そういう難しい書物を幼い頃から読んでいたのは単純にすごいことです。

その一方で、フィールドワークと言いますか、野外に出て行き、さまざまなものを採集したり、観察したりしています。やはり子供の頃から生き物が好きだったようですね。登校途中にいろんな生き物を見つけて採集するのですが、入れ物がなかったので持っていた弁当をその場で全部食べて、空箱にして採集物を入れて持っていく、なんてこともあったようです。

もう一つ面白い逸話として「てんぎゃん」というものがあります。「てんぎゃん」は、和歌山の方言で「天狗さん」という意味です。彼は幼少の頃、森に入り、暗くなっても帰ってこないことがよくあったらしいです。町の人たちの間で天狗にさらわれたのではないかと噂が立ち、いつしか彼のあだ名は「てんぎゃん」となったそうです。熊楠はこのあだ名を結構気に入っていたようです。天狗は鼻が高いわけですが、熊楠も写真を見るととても鼻が高いですよね。あとよく、天狗は目をぐっと見開いていて、また特別な知識を持った妖怪とされますが、これも熊楠にぴったりです。写真で見る熊楠も眼光が異様に鋭いですし、子供の頃から年不相応にいろんな知識を持っていて、まさに天狗と呼ばれるにふさわしかった。いつも大人も知らないような難しいことを話す熊楠は、かなり鼻が高かったと思いますよ（笑）。

それから、「反芻」というあだ名もあります。熊楠の特技は、いつでもどこでもゲロを吐けることでした。この必殺技を持っていたので、子供の頃は喧嘩で負け知らず（笑）。私は、この「反芻」というあだ名もとてもいいなあと思います。熊楠は、書籍やフィールドワークでたくさんの知識を得て（インプット）、それをいろんな人に披露したりする（アウトプット）わけですが、まさに反芻的ですよね。しかも、論理的で直線的な事柄をインプットして、時に非論理的でノンリニアな新たなものとして逆流させることができる。この「逆流の方法」については、文化史研究者の小田龍哉さんが指摘していますが[*5]、熊楠も自分のことを「逆流因縁の金粟王如来[*6]」なんて言っています。

また、天才と言われている熊楠ですが、今、若い頃の学校の成績表が記念館に展示されていて――まさか、彼も自分の成績表が公開されるなんて思ってもいなかったでしょうけれども（笑）、意外と成績は良くないんです。下から数えたほうが早いくらいです。とりわけ不得意だったのは簿記とか幾何学ですね。前にも述べましたが、熊楠は「計算」が苦手なんですよ、文字通りの意味でも比喩的な意味でも。それから、大学予備門時代は体操（体育）の成績も良くなかった。子供の頃

＊5　小田龍哉「南方熊楠の「事」と「理」、そして〈逆流の方法〉」『文化史学』第七一号、二〇一五年参照。
＊6　南方熊楠「一八九四年三月十九日付土宜法龍宛書簡」『往復書簡』二一一頁。

から危ない野山に分け入って採集などをしていたわけですから、体力もあり、運動神経も悪くなかったと思うのですが、ただ授業が嫌いで参加しなかったので成績が悪かったようです。

岡本太郎と岡本家

石井：なるほど、熊楠は幼い頃からいろいろと逸話が多いですね。岡本太郎はというと、幼少期の成績表などの細かい記録は残っていません。おそらく戦時下の空襲で焼けてしまったのでしょう。パリ時代の作品も空襲で焼けてしまって、すべて残っていないので、後に何点か再制作しています。また、太郎はあまり昔のことを自分から語らないと敏子さんがよく言っていました。エッセイなどの依頼などがあれば書く、といっても、太郎が依頼テーマについて語り、敏子さんがメモを取り、彼女が原稿にまとめるという方式ですが、太郎はあまり過去にとらわれておらず、過去については聞かれれば話すくらいだったそうです。

ですから、太郎の発言として幼少期の頃の思い出については、断片的にしか残っていません。それらをつなぎ合わせて考えると、まず名前の「太郎」ですが、長男につけられるごくごく一般的な名前でしかない。そもそも自分の名前すら忘れる人でしたから、本人も名前にそんなに思い入れはなかったようです。「私は……誰だっけ」と冗談ではなく本当に忘れることがあったようです（笑）。

先ほど熊楠が生き物を弁当箱に入れる話がありましたが、おそらく太郎も子供の頃は、自然の生き物たちと戯れた記憶があったと思います。太郎は生まれは川崎、育ちは青山です。青山と聞けば今は高級住宅街ですが、当時の青山は本当に「青い山」ですから、現在の街並みとは全然違う、いわゆる武蔵野の風景です。学校に行く途中や周辺で遊んでいれば、虫捕りに夢中になっていたはずです。大人になった太郎は、虫と子供をテーマに作品を油彩画や版画で複数描いています。それは、虫と子供が対峙しているのだけれど、両者がつながっているような不思議な作品です。虫との交歓というのが、岡本太郎にとってはとても重要だった。生き物と混じりあい、戯れた幼少期の記憶は、森羅万象との「いのちの交歓」という太郎の縄文観までつながってくるのだろうと思います。

熊楠のあだ名という話がありました。太郎の場合、一平が『良友』という児童雑誌に「珍助物語」という子供漫画を連載していたのですが、それを読んだ太郎の同級生が、彼のことを「珍助、珍助」と呼んでいたそうです。漫画の作者が太郎の父であることを同級生たちも知っていたんでしょうね。その「珍助」の顔は挿絵では美男子ではないので、コンプレックスになっていたようです。後年、有名なイタリア人画家の奥さんに「あなたは美男子よ」と言われて、太郎は違和感を持ったと述懐しているほどです。あだ名のエピソードと言えばそれくらいでしょうか。

また、熊楠と一緒で太郎も算数や数学が苦手だったみたいですね。ところが幾何学に関しては、同級生でも解けない問題を簡単に解いてしまうので、代数が苦手だったということでしょうか。数字の操作は苦手だけれども図形の操作は得意というのは、ひょっとしたら画家にはよくある話なのかもしれません。

唐澤：それはあるでしょうね。ちなみに私も数字の扱いはとても苦手です。

石井：僕もそうです（笑）。それから、太郎の幼少期で重要なのは、転校をくり返しているところでしょうか。最初は青山の青南小学校に入学しますが、一ヵ月でやめてしまっている。その後、日本橋の日新学校では教師と折り合いがつかず、ここもやめてしまう。その次に小伝馬町にある十志小学校に転校しますが、やはりここもやめてしまいます。最終的に慶應義塾の幼稚舎に入ることになり、家族も一緒に白金に引っ越しています。白金の家の目と鼻の先に学校があるわけですが、太郎がなかなかの聞かん坊なのだからでしょうけれども、寄宿舎に入れられ、そのまま中等部に進んで、慶應義塾普通部を卒業し、その後は東京美術学校、現在の東京藝術大学へ入るわけです。

なぜ、小学校を転々とすることになったのかというと、太郎は、大人の態度に非常に敏感な子供でした。理由や言い分も聞かずに頭ごなしに叱りつけてくるとか、教師というのは偉いものだという尊大な態度で生徒に接してくる、そういう教師に対しては非常に抵抗感をもっていました。例えば、太郎が学校で友人とボールを投げて遊んでいると、そこを校長先生が通りかかり「ガラスが割れるといけないからボール遊びはやめなさい」とたしなめてきた。太郎はその柔らかいボールが当たったくらいではガラスは割れないと説明する。

まあ、一言多いといえばそうなのですが（笑）、太郎は子供の頃から両親と対等に議論してきたので、おかしいと思ったことには反論するんですね。それで、校長先生は「君は何年何組の誰かね」と聞いてきた。その翌日、担任の先生に太郎は呼び出されて、「校長先生に何を言ったんだ！

口答えなんかするんじゃない」と叱られた。このことに太郎は非常に憤っているんですね。直接校長先生が言ってくるならまだしも、なぜに担任が自分を叱るのか、なんて大人は卑怯なんだ、卑しいというわけです。

多くの子供はそういう注意に対して「ハイ、先生。ごめんなさい」と謝って済ますのですが、太郎は納得がいかなければ反論し、その場で何も言わずに下位の人間を使って叱ってくる大人がどうしても許せない。だから抵抗する、反抗する。それについては両親との関係が大きくて、太郎は両親から「子供のくせに」といったようなことは言われたことがなかったそうです。常に対等に議論するような親子関係だった。

かの子は、芸術の話から日常的な悩み、恋愛のことも含めて幼い太郎に話をする。太郎も一生懸命、考えてそれに応える。それは対等な議論だったらしく、それが平気で親子三人の間で行われていて、激情型のかの子と同じく激情型の太郎は、時に激しい口論になったりすることもありました。喧々諤々《けんけんがくがく》の議論で互いに一歩も譲らない。そこに冷静な父が割って入る。一平は太郎のことを「太郎氏」が訛って「タゴシ」と呼んでいたそうですが、「タゴシ、お母さんは病弱なのだから、タゴシのほうが折れなさい」と宥《なだ》められて口論がおさまる、なんてことがよくあったそうです。

そういう家庭で太郎は育っているので、自分の両親は卑怯な大人ではない、少なくとも息子の前では卑しい態度はとらないし、子供扱いもしない。前にも言いましたが、かの子は自分の仕事に集中すると、太郎を柱に兵児帯で縛りつけ、完全に放置です（笑）。お母さんに遊んでもらいたいのに、お母さんは小説を書くことに集中しているからその背中しか見られず、とてもうらめしかったと太郎は述懐しているくらい冷淡でしたが、親は子を見下ださないので深い信頼関係がある。

そういう環境の中で育ったものだから、そこから一歩出ると、岡本家の常識とは異なる世間一般の学校のような環境にはどうしても馴染めない。卑しい教師には徹底的に反抗する。学校には行きたくなくなる。けれども、学校に行くよう親からは言われるので、学校に行くまでの間に虫と遊んだり、太陽とにらめっこしたりして遊んでいた。いわゆる不登校児ですね。というわけで転校をくり返して、慶応の幼稚舎に行き着いた、というところですね。

熊楠と太郎の幼少期

唐澤：そんなに小学校を転々としていたとは……。幼少の頃の岡本太郎の友人関係はどうでしたか。いじめにあったり、孤独だったりしたのでしょうか。

石井：太郎が転校をくり返していた頃というのは、友達と呼べるような同級生はいなかったようですね。当時は神経衰弱、今でいう、うつ病に近いものになり、不登校になった時期もあり、小学生の頃はずっと自殺を考えていたようです。同級生からのいじめも原因の一つであったかもしれません。あるいは、自立心が芽生えるのが早かったせいなのか、人生とは何か、生きること、死ぬこととは何か、そういうことを考え詰めるうちに、何度も死のうと思ったようです。

僕も十八歳の頃に人生について悩み、自死を意識したことがありますが、幼少期に人生に悩んでいたという太郎の状況は想像ができないです。僕は太郎の「絶望を彩るのが芸術だ」という言葉に救われましたが、太郎がなぜ自死を踏みとどまれたのかについては特に語っていません。太郎はかなり不安定な幼少期を過ごしていましたが、慶應義塾の中等部時代には友人はいたようですね。というのも、東京美術学校に入学後、同じ慶応出身の同窓生が音楽科に進んでいて、一緒に昼飯を食べたという話をしています。

唐澤：ああ、そうなんですね。幼少の頃の熊楠は引っ越しもしなかったので、地元の友達はそれなりにいたと思います。なかには成人してから亡くなるまで、生涯付き合いのあった友人もいます。喜多幅武三郎《きたはばたけさぶろう》という医師なのですが、和歌山中学校時代からの友人です。晩年、熊楠の体調が芳しくない時には、喜多幅が主治医のように診てくれたりしていました。そういった意味では、熊楠は友人に恵まれていたような気がしますね。

ただ、学校の教師に対してはやはり反発していました。太郎も経験したように理不尽な暴力もきっとあったでしょう。また、熊楠の場合、教師たちがあまりにも知識に欠けているということに憤慨していました。

石井：なるほど。太郎とはちがうポイントで憤るんですね（笑）。

唐澤：教師が教えることはよく間違っているから信用ができないと反発していたんです。まあ『和漢三才図会』などを読んでいた子供にしてみれば、先生の話はつまらなかったのもわかります。そんな熊楠が人生を通じてただ一人、「先生」と呼べる教師との出会いが、和歌山中学校時代にありました。鳥山啓《とりやまひらく》という人物です。彼は軍艦マーチの作詞者でもあります。熊楠は、鳥山に対して本当に敬意を払っていますね。鳥山は博物学的な知識を持っていました。熊楠にフィールドワークの大切さを教えてくれたのも彼です。

太郎が神経衰弱だったというのは初めて聞きましたが、実は、熊楠も大学予備門に入った際に、もうどうにもならないほど病んでしまった時期があるんです。頭や目に痛みを感じて、試験も受けられないというような状況で、最終的に落第してしまいます。その後、結局、熊楠は大学をやめてしまい、和歌山に帰るんですね。当時の日記を見ると、熊楠は、自分は「ぶらぶら病」になったんだと言っています。「ぶらぶら病」が具体的に何を指しているのかはよくわからないのですが、おそらく何をするにもやる気が起きないような状態、エネルギーがゼロになったような状態、言うなれば熊楠も太郎と同じようにうつ病的な感じになったのだと思います。また、頭痛に関しては、現在の研究では、側頭葉癲癇《そくとうようてんかん》だったのではないかと言われています。[*7] 熊楠の脳は大阪大学に保存されているのですが、それをＭＲＩで調べたところ、右側頭葉奥の海馬に萎縮が見られたそうです。若い頃、熊楠は講義中に突然倒れたりしています。泡を吹いて倒れるのですが、しばらくすると起き上がって、けろっとしている。その一部始終は、後で友人たちから聞いたそうです。

家庭を持ってからは、彼の癲癇症状はあまり見当たらなくなりますね。その前の那智隠栖期には、大発作は起こさないまでも、意識減損のような症状は見られます。また死を意識したような文章も多くなり、何もせず臥褥《がじょく》していたり睡眠障害を起こしたりもしています。これは非常にうつ的。一方でこの頃、幽霊や白昼夢などさまざまなヴィジョンを見ていたり、「やりあて」のように未来先取り的な体験も多くなります。つまり、誤解を恐れずに言うならば、那智隠栖期の彼のあり方は、うつ、癲癇、統合失調症的症状の複合あるいは往還だったと言えるかもしれません。精神病理学者の故木村敏先生が、うつ的あり方を「ポスト・フェストゥム（祭りの後）」、癲癇的あり方を「イントラ・フェストゥム（祭りの最中）」、統合失調症的あり方を「アンテ・フェストゥム（祭りの前）」として存在論を展開したことはご存知かと思います。私の見立てだと、熊楠は、これらの間を劇的にポジション・チェンジしている感じです。木村先生とお話した時は、熊楠の常態（ノーマル・ステイト）は、やはり癲癇的つまりイントラ・フェストゥムだとおっしゃっていましたが。

不思議な体験を真剣に受け取る

唐澤：岡本太郎はあまり自分の昔のことは語らなかったようですが、熊楠はよく語っていますね。
石井：そのようですね。
唐澤：熊楠は、非常によく自分の経歴を語った人です。矢吹義夫という人に宛てた手紙が現存して

＊7　扇谷明「南方熊楠のてんかん――病跡学的研究」『精神神経学雑誌』第一〇八巻第二号、二〇〇六年参照。

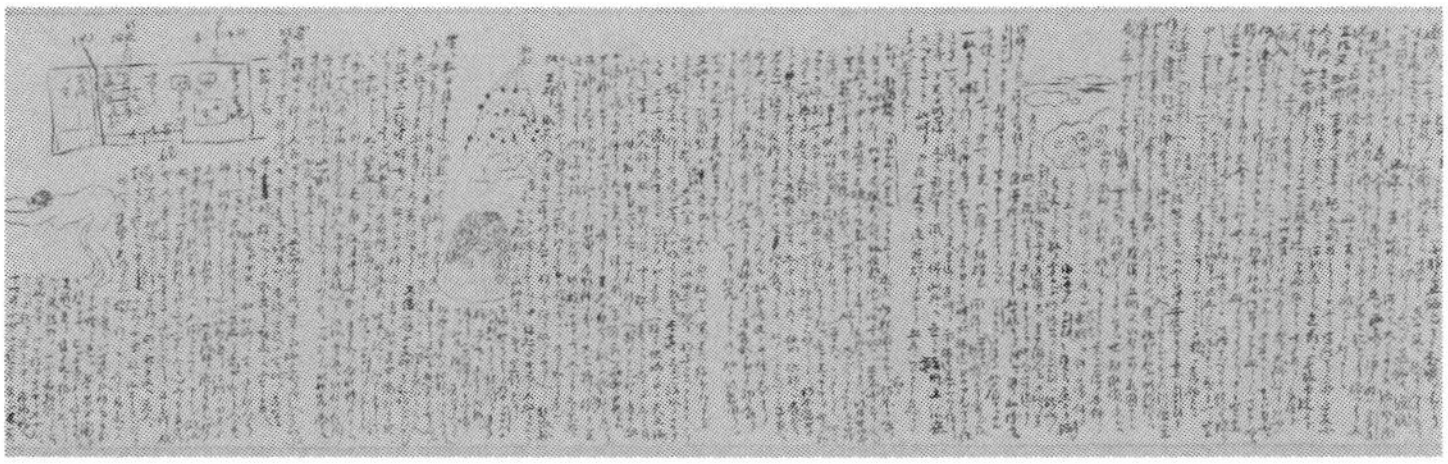

『履歴書』の一部（1925年1月31日付矢吹義夫宛書簡）
南方熊楠顕彰館（田辺市）所蔵

いるのですが、自分の経歴を書いたもので、通称『履歴書』と呼ばれています。およそ八メートルの長さの巻紙にびっしりと記されています。

石井：それは長いですね（笑）。

唐澤：ギネス記録に認定されてもいいくらい。履歴書の最長記録（笑）。それくらい、自分のことを語らせたら止まらない人だったのでしょうね。そしてこれは、熊楠自身の記憶力にも関連しているのではないかと思います。記録力がずば抜けた人でしたから、昔のことを非常に鮮明かつ詳細に覚えている。どれもビビッドで取捨選択できないんです。記憶力が良すぎると、そういう困ったことが起きる。だから書き出したらどんどん増えていって、結果、八メートルくらいになってしまった。その辺は太郎とは少し違う気がしますね。

ところで、当時の青山、白金は、現在多くの人たちがイメージするようなおしゃれな雰囲気とはだいぶ違ったようですが、現在、岡本太郎美術館がある川崎も、何か別のゆかりの地だったのですか？

石井：かの子の実家の大貫家があったのが、わかりやすい地名だと二子《ふたこ》玉川付近で、今の川崎市高津区二子になります。二子には、太郎が制作したかの子の文学碑《誇り》も残されています。太郎はかの子の実家で生まれているので、生まれは川崎、育ちは東京ということですね。そういうゆかりで、川崎市に作品を寄贈し、岡本太郎美術館をつくるということになったそうです。

唐澤：そうだったのですね。

石井：当時の一平は朝日新聞社に勤めていて、記事や風刺漫画を描いたりしていましたが、いつも遅くまで酒を飲んで帰って来ない日も多く、ほとんどかの子の相手をしていなかった。ですから、かの子も当時、非常に寂しかったようで、代わりに太郎が母の話相手をしていたんですね。

一平の実家は京橋で、太郎の父方の祖父は岡本可亭という書家でした。この父方の祖母が厳しい人で、年始の挨拶にはまだ幼い太郎も連れて行くようにと家人に言いつけて、近所の挨拶回りをさせています。太郎はそういうことはとても苦手でまず無理なのですが（笑）、目付け役の女性をつけてとにかく「行きなさい」と祖母に言われる。太郎の挨拶の声が小さかったり、むずむずしてできなかったりして帰ってくると、叱りつけてまた挨拶回りをさせていた。結局、全然できずに連れて帰られると、さらに祖母から「岡本家の総領がそんなことでどうする」と叱られ、嫌な思い出だと後年、太郎は述懐しています（笑）。

唐澤：その辺はやはり一人っ子だったからというのは大きいでしょうね。熊楠は次男でしたから、そこまで厳しくはされていなかったと思いますね。一方で、熊楠の兄は南方家を継ぐわけですから、厳しい教育を受けたのだろうと思います。その反動か、「好色淫佚放恣驕縦《こうしょくいんいつほうしきょうじゅう》なるもの[*8]」になってしまって、さまざまな女性と関係を持ち、最終的には、確か呉市で亡くなっています。

熊楠は、母親については言及が少ない。けれども、父親についてはさまざまなところで発言しています。『履歴書』の中にも出てきますしね。熊楠は、亡くなった父親は無学だったけれども達眼だったと言っています。自分のことをとてもよく理解してくれた人という印象があったようで、「学問好きなれば学問で世を過ごすべし」[*9]というようなことも言ってくれたそうです。「ただし、金銭に無頓着なるものなれば一生富むこと能《あた》わじ」[*10]とも。確かに当たっていますね。

熊楠の夢によく出てくる人物として多いのが、やはり父親です。母親はあまり出てこない。両親がともに出てくることはありますが、母親だけが登場するということはほとんどありません。あとは、前に話した羽山繁太郎、そしてその弟の蕃次郎が出てくることが多いですね。

例えば、熊楠が那智山に籠っている時、父親の夢もしくは幽霊を何度か見ています。今、論文にするつもりで[*11]、いろいろと調べているのですが、例えば、熊楠は次のように語っています。

亡父の形ありありと現じ、言語を発せずに、何となく予に宿前数町の地にナギランありと知らす。[*12]

ナギランというのは非常に珍しい植物で、現在では絶滅危惧種の二種に指定されています。熊楠はその後、実際にその場所に行ってみると、本当にナギランを発見したそうです。

那智山に籠っている間に、このような不思議な体験をいろいろとしています。これは日記に書いてあることですが、次のようにも言っています。

灯消して暫時眠る内、頭辺に人多く来ると夢み、次に父と今一人座す。予父の膝前の衣を手でおし見るに抵抗力あり。[*13]

つまり、枕元に亡父が座っていて、触れてみたらリアルな感触があった、ということです。このような経験が、幽霊とは何か、夢とは何かということにますます関心を持つきっかけとなりました。ともかく、父親のヴィジョンは、よく熊楠の前に現れていました。そのことは彼の夢研究や幽霊研究、魂の研究のようなものにかなり影響を与えたはずです。

＊8 『履歴書』一一頁。
＊9 『履歴書』一一頁。
＊10 『履歴書』一一頁。
＊11 唐澤太輔「南方熊楠によるナギランの発見」『「エコ・フィロソフィ」研究』一五号、東洋大学、二〇二一年。
＊12 南方熊楠「千里眼」（一九一一年六月十日）『南方熊楠全集』六巻（岩村忍、入矢義高、岡本清造監修）、平凡社、一九七三年、七頁。
＊13 南方熊楠「一九〇四年四月一日付日記」『日記』二巻、四二一頁。

当時の日記に記された図を示しておきたいと思います。現在、熊楠の日記は『南方熊楠日記』として八坂書房から出版されているのですが、この図はなぜか削除されて掲載されていません。「頭」「フスマ」「寝室」「居室」「エン」「厠」「庭」「戸」と図示されていることがわかると思います。熊楠は自分の頭が体から抜け出して、ぐにゃぐにゃと居室の隣を通り、寝室の前を抜けて、また戻ってきたと言っています。そして、ツリガネムシが螺旋状に伸びた後、急に縮こまるように自分の魂が抜け出て、また元の位置に戻ったということも述べています。*14 螺旋状に伸びていくというのが面白いですね。「南方マンダラ」も螺旋状ですし、粘菌の子実体も時に螺旋状に伸びることがあります。銀河宇宙も渦巻いていますしね。私たちの心を魅了するのは、どうもスパイラル形が多い。直線的な物事が多い現代社会ですが、最も自然で純粋な形は螺旋、渦なのかもしれません。

話が脱線してしまいました。元に戻すと、熊楠による日記の図は、彼が父親の幽霊を見て、触れてみると抵抗力を感じたと記したのと同時期に書かれたものです。このような体験と「やりあて」は密接不可分で、これらを一概に創作やパフォーマンスと断じてしまうのは問題があると思います。

石井： いや、それはフィクションやパフォーマンスなどではなく、おそらく、本当にあったことだろうと思いますよ。太郎はそういう話をあまりしていませんが、僕自身の実体験としてはそういうことがよくあるので、よくわかります。夢の中で朧《おぼろ》げな情報を得て、実際にそこに行ってみると、夢で見たものが存在するというようなことはしばしばあります。そういう意味では、それは体感しないとわかりづらいということはあるだろうと思いますね。

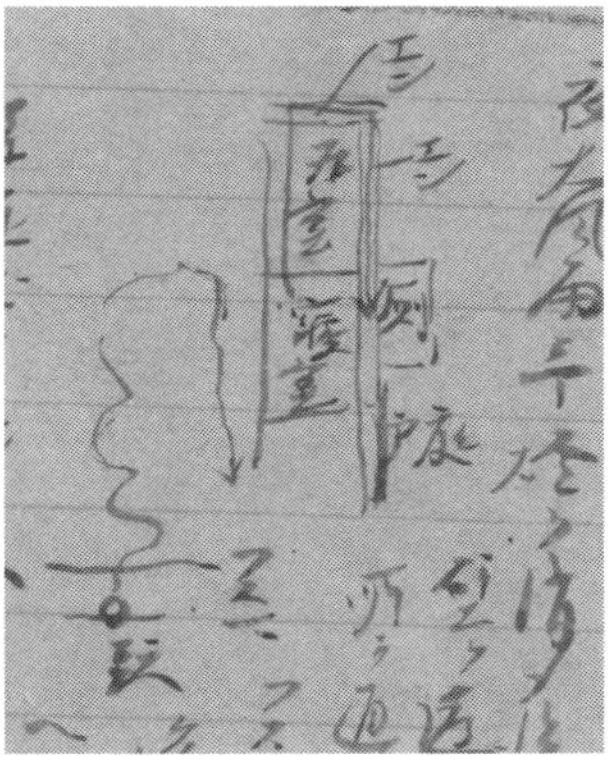

1904年4月25日付日記
南方熊楠顕彰館（田辺市）所蔵

螺旋状に伸び絡まり合う粘菌（クモノスホコリ）の子実体　撮影：唐澤

唐澤：そうなんですよ。今、石井さんがおっしゃったようなことを熊楠自身も言っています。自分がそういう幽霊を見たとか、夢でナギランを発見したとかいう話を鼻で笑う人がいるけれども、笑う者たちはその境位まで達していないんだ、なんて述べている。むしろ、そうやって笑っている連中のほうが頭がおかしいのではないかというような、辛辣なことも言っています。[*15] 私も、それはわかるなあという気がしますね。

石井：そういう体験を実際にしたことがない人は、どうしてもそれを非科学的で非合理な迷信として捉えてしまうのでしょう。そういう話に関しては、太郎は秘密結社での霊的体験以外はしていませんが、僕の自分語りになってしまうけれど、割とよく体験しています。

僕の母はもう他界していますが、母から聞いた話では、僕が生まれる前日に父方の祖母が胃癌で亡くなったのですが、その祖母が母の夢枕に立ち、お辞儀をして去っていったそうです。ちょうどその時刻に祖母は亡くなったそうなんですね。その翌日に僕が生まれて、生まれた顔が、他界した祖母にそっくりだったので、家族中が驚いたなんていう話を聞かされました。

ですから、熊楠の亡父の話もあり得ることなんだろうと思います。科学的には何も説明できないし、わからないところがたくさんあるわけですが、昔からそういう語りはたくさんある。脳の何らかの作用でそう見えているだけなのかもしれないけれども、夢などを通じての「やりあて」は、結構、実は多くの人が使っている方法なのかもしれない。ただ語っていないだけで、表立って話すとヤバイ奴と思われるから言わないだけでね（笑）。死者との対話ですよ。

唐澤：そうなんですよね。おそらく当時は今よりはまだ、そういうことを公に語れる時代でもあったのでしょうけれども、そしてもっと昔には、そういうことを語る人間はむしろ聖者だとされることもあったわけですよね。神聖なシャーマンのような存在。私たちの今住む社会は本当に堅苦しいですね。

主客未分の世界の中で創作すること

石井：岡本太郎の縄文観は「いのちの交歓」という言葉に集約されると思うのですが、つまり、食べる／食べられる、という動物と人間の関係性を超えた森羅万象との垣根のない一体化ということですが、これも熊楠の不思議な体験と同じような感覚から導き出された言葉だと思います。前にもお話ししましたが、太郎が作品をつくる時、他者である素材と相互浸潤し、一体化していくという過程がありますから、その一体化の中で、太郎と素材、つまり自他が溶け合ってどちらが主体なのかわからなくなる。哲学者の西田幾多郎の言葉を借りれば「主客未分」の状態になってい

＊14　南方熊楠「一九〇四年四月二十五日付日記」『日記』二巻、四三一頁参照。
＊15　南方熊楠「一九三一年八月二十日付岩田準一宛」『南方熊楠全集』九巻（岩村忍、入矢義高、岡本清造監修）、平凡社、一九七三年、二五頁参照。

く。そのような内的体験の中で作品をつくっていくということを太郎は語っています。

これは熊楠の「やりあて」にもつながってくるのではないかと思いますね。本来、素材は生きていない物質なのですが、その非生命とつながり、対話し、一緒になって物をつくりあげていくという感覚は、アメリカ先住民の土器制作者も語っています。しかし、現代社会だと、どうしても、いわゆるスピ系の語りとして分類されてしまい、一括りにされてしまう。非合理だと嫌悪する人もいるでしょうけれど、それは心理学で言う「フロー」の状態、スポーツ選手の言う「ゾーン」の状態に没入すると多くの人が体験するものなんですね。

先ほど、唐澤さんは、書籍として刊行された熊楠の日記集から図が削除されていたとおっしゃっていましたが、熊楠についてもスピ系的なものに一括りにされてしまうという懸念が編集者にあって、あえて図を削ったのかもしれませんね。

唐澤：そうですね。それはあるかもしれない。しかし、よく考えてみると嫌悪感は好奇心の裏返しでもあるわけですし、それを抑圧しすぎると、思わぬところで危険な形で噴出することもあります。だからそれを無視したり、無理やり忘却したり、完全否定してはいけないと思うんですよね。

「やりあて」るということについて、私もいろいろと調べていく中で、少なくともその方法は二通りあるのではないかと思い至りました。一つは、対象と一体化してそのまま「やりあて」る方法です。もう一つは、一体となった対象から暗黙知を掴み取り、今一度自分の中で組み立て直して「やりあて」るという方法です。ここには時間差が生じます。私は、「やりあて」の中で圧倒的に多いのは前者の、主客未分の状態で行うことではないかと思っています。今、私は秋田公立美術大学で教えているのですが、学生たちに「制作において、皆さんはこの二つのパターンのどちらですか」と聞いたことがあるんですよ。

石井：おお、それは興味深いですね。

唐澤：結果は、主客未分の状態でともかく手を動かして面白い作品がつくれたという人よりも、いろいろと調べて吸収して、自分のなかで暗黙知的なものを組み立て直し、行為に移した結果、「やりあて」ることができたという人のほうが多かったですね。正直、意外だなあと思いました。時代的なものもあるでしょうけれども。

石井：主客未分の状態に入って物をつくっている時のほうが、いいものができあがると太郎は言っていると思うのですが、そういう感覚を持っている現代美術の作家は、あまり公言されないだけで、実は多いのではないかと僕は思っています。二十代の頃、著名な作家に会うと、「作品の制作中に、不思議な体験をしたことがありますか」と聞いて回ったんです。そうすると、皆黙ってしまう。答えないか、とぼけるんです。

正直に答えてくれた方がお一人だけいて、もう他界されてしまいましたが、もの派の関根伸夫さんは、そういう感覚はあるけれども、それを表に出してしまうと、「そういう人」だとレッテルを貼られてしまいうことで作品が売れなくなる、とおっしゃっていました。今から二十年くらい前の話ですが、どうもそういう事情があるらしいのですが、同じもの派の李禹煥さんもYouTube動画での最近の語りを見ると、太郎に近い感覚を持たれているようです。横尾忠則さんのように開き直らないと、なかなかそういう面は出せないのかもしれません。

それが日本のアート事情なのか、あるいは現代美術のアカデミズムの潮流なのか。一九三〇年代のシュールレアリスムや抽象芸術運動では、もっと突拍子もないスピリチュアルなものが探求されていた歴史もあるんですけれどね（笑）。今の現代美術はインプットからアウトプットする際、その過程も含めて、自分の理論から理路整然と作品のコンセプトを説明することが求められるのが基本になっている。そうなると、制作時に主客未分の「やりあて」などの体験があったとしても、それを伏せて、論理的に説明する方向に持っていく、持っていかざるを得ないのかもしれませんね。売れるためには、欧米のキュレーターやコレクターを論理的に説得する必要がある（笑）。

これは僕の想像ですけれど、昔の職人の徒弟制度だったら、師匠がやっていることを見よう見まねで覚えていく。師匠の没入感もまねているうちに師匠と同調していく。その先で、自分も素材との主客未分の状態に入っていくような感覚で、自ずとものをつくっていくようになってしまうじゃないかな。けれども今は、僕は美大・芸大の実技講義というものを受けたことはないのですが、予備校時代からテクニックを磨くための教育になっているとすれば、学生たちが主客未分の状態へ入っていくことがあったとしても、それはあまり表には出てこないのかもしれませんね。

唐澤：確かに。理路整然としたテクニックと見よう見まねの「わざ」はやはり違う。また、美大に勤めていると、いわゆる「スピ系」というか、「霊感」の強い学生は結構いると感じられます。そういう学生は、一概にというわけではありませんが、色彩論などの〇〇論が苦手とか、自分がつくっている時はこんなことは正直考えてやっていないとか言ったりしますね。ですから、美大で教育するというのは非常に難しい。今の時代、全カリキュラムを「俺の背中を見て勉強しろ」というような徒弟制度的な教育にしてしまうと、学生の授業アンケートで、「この授業はフォローが足りない」「先生が丁寧ではない」と書かれて、いろんなところからお叱りがくるでしょうね（苦笑）。

石井：「やりあて」的なものというのは、説明できないですからね。言葉で事細かに説明しようとすると、何とも陳腐で非現実的な世界の話になってしまいますから。

唐澤：熊楠自身もやはり「やりあて」というのは、言語化するのは難しいと述べています。「それ」は、単なる偶然ではなく、確実に存在することなんだけれども、口で語ったり、文章にしたりはなかなかできない、と。ですから、私なんかは、「それ」をいわゆるロゴスとして、文章として、分析して書くというある種矛盾したことをやっているわけですよね。そうすると、やはり取りこぼすものが出てきます。まだ私たちは「それ」を語るための確固たる言葉というか文法のようなものを持っていないのでしょうね。もちろん、語ることができないから「それ」を捨て置くことはナンセンスなことです。矛盾を抱えながら、それでもなお言語化を試みる。しどろもどろになりながらでもいいんです。言葉をもって言葉を超えていく、これが大事だと思います。

石井：先ほどの唐澤さんのお話でできた色彩論などが苦手な学生さんも、おそらく、描く対象を感覚的に捉える能力が長けているというか、眼前か脳裏に見えているヴィジョンが非常に明確なんだろうと思います。色も形も明確で、その見えているヴィジョンをどうアウトプットするか、というところで必要になってくるのが、それを実現するためのさまざまな技術です。

岡本太郎もそうでした。最初に技術から入るのではなく、先にヴィジョンがある。それを具現化するための技術を探すということなので、西洋の色彩論や色相環をもち出されても、戸惑ってしまうのはよくわかります。

唐澤：そういう学生は、色彩論なんかであるようにこの色の隣にはこの色が合うというような理論的なことはまったく無視してしまう。

石井：うんうん。だって理論が先ではなく、ヴィジョンが先にあるんだから（笑）。

唐澤：それで作品を制作する。でも、それがとてもいい。私はとても感動するんですよね。立体もつくったりするのですが、それも左右が非対称で色も決して調和が取れた感じではない。そこに非常に力強さを感じます。その迫力ある作品は重厚な理論なんて軽々と突破しているんですよね。

石井：そういう理論先行型の先生に、ここで話している熊楠や太郎論をぶつけてみると、とても面白いことになるんじゃないですかね。全部壊していくわけですから。

唐澤：そうそう。そういう「論」を壊していくという感性が大事ですよね。今、私がいる大学は、美大の中では日本では一番新しいところです。数ある美大の中で、他とどんなふうに差異化していき、どうやって生き残っていけばいいかというと、こういうところにヒントがあると思います。だから、私もこれからどんどん「やりあて」とか言っちゃおうと思って（笑）。

石井：それは面白いことになると思いますね。どんどんやってくださいよ。「やりあて」的な方法論で作品をつくる。僕は、それをキュレーションという形で博物館の展覧会で過去にやってしまいました。「いのちの交歓——残酷なロマンティスム」という展覧会なのですが、やり切った感もあり、納得できない事案が積み重なり、それを最後に学芸員を辞めました。

この展示では、岡本太郎と若手中堅どころの現代美術の作家たちの作品に、博物館の収蔵庫に眠っていて、今後も絶対に日の目を見ないだろうと思われる考古遺物や民俗資料、動物の骨のサンプルなどの三級資料たちをかけ合わせ、僕と物、物と物同士の対話を重視するという展示でした。と言っても意味不明かもしれませんが（笑）。

そのプランニングは「やりあて」的なので、本当にまったく言葉にならない。説明できないんです。展示設計図をつくっても、結局、物と物同士の共鳴が重要ですから、会議には適当に作品や物を並べたプランをつくって出すわけです。ところが、会議では言葉の説明を求められてしまう。まだ設計が固まっていないので、なんとかその場しのぎの説明でやりすごし、「とりあえずこんな感じで進めています」と……まあ、理解されないですよね（笑）。

実際の作業で何をやっていたかというと、博物館の収蔵庫に独りでこもり、収蔵品をすべて見てまわり、どこに何があるのかを一旦把握した上で、そこから「誰が出たいのか」を物に問いかけて探していくわけです。そうすると「出してくれ」って言う奴らがいる（笑）。「よし、わかった」と、天箱からひっぱり出すんですが、旧館時代から含めると何十年も収蔵庫に放置されている三級資料なので皆埃まみれ。例えば、縄文時代早期の焼けて赤くなった石ころを、一つひとつ洗うところから始めたんです。

洗いながら物に触れ、直接、僕が物に問いかける対話の中で、あの作家さんのあの作品と組み合わせたらいいとか、岡本太郎のあの作品をここに入れて組み上がっていくな、ということが、洗いながら触りながら物とおしゃべりしているうちにわかってくるんです。最終的に組み上がる形は、その時点では見えていないので、理路整然と言葉では説明できない。通常、展覧会のテーマが決まれば学芸員はストーリーを描き、展示の流れを組みます。でも、それすらも見えていない。

だから、鎌田東二さんの『超訳 古事記』（ミシマ社、二〇〇九年）の少しぶっ飛んだ日本神話の現代語訳を引っ張ってきて、それを一応、展覧会冒頭の説明にして展示の流れをつくり、その流れに乗って、これはここ、あれはあそこという感じで直観に従って並べて展示をしてみたら、これは言葉ではなんとも言い表せないほどに凄まじい、共振が生じてしまいました。

自分でも「なんだ、これは……」と思うようなものになってしまって、いわく言い難い異様な空気が流れている感じでした。実際、来館者の中には頭をかきむしりながら会場を走り回る人がいたり、展示の前でいきなりひざまづいて祈り始める人も出たりして、展示をつくった僕もびっくりなのですが、かなり反響がありました。なんだかよくわからないけれども、強烈なインパクトがある展示となりました。

けれども、参加してくれた作家たちからは、あれはキュレーターの仕事じゃない、石井匠が自分の作品をつくっただけで俺たちはそれに利用された、と笑いながら言われましたけれども（笑）。おそらくその時、僕は熊楠の「やりあて」に近いような方法で展覧会をつくっていたんだと思います。

言語の限界、主客合一の世界、根源的な無への不安

唐澤：私たちの言葉にはいろいろと制約というか限界がありますね。特にアートにおける言葉は難しいと思います。でも、そうは言いつつも大学では講評会をして、学生に自分の作品の意図やプロセスを順序立てて述べさせたりしているわけですよね。実はそれは、作品を補強しているようでいて、矮小化させている可能性もあります。せめて学生たちには、無理に難しい概念や言葉を使って作品をごまかさないでほしい。難解な哲学的ワードや概念は、時にキラキラして見えることがあります。私自身も学生の頃そうでした。でもやはりアートを志す学生がそれらを使う時には、自分の強い実感を伴ったものであってほしいですね。

ハイデガーは、私たちは、存在そのものを捉えるための文法を獲得していないと言っています。要するに「存在」という、生命そのものを分割して分析して並べ立てて語ってもそれは本物ではないということですね。ではどうすればいいのか。私たちとしては、ただ黙してその存在に浸るほかないように思いますが、でも、やはり言語を最大のコミュニケーションの手段として社会を営んで

いる人間としては何かを発さなければならない。その時、おそらくヒントとなり得るのが、詩だと思います。ハイデガーも晩年はヘルダーリンの詩を熱心に研究しています。詩というのは、言葉であるけれども、時制を超えて、自他の区別を無化して、矛盾するようなものを並列的に置いても成り立ちます。むしろ、そのことによって、存在そのもの、生命そのものというのが完全にではなくても、語れる可能性があるんだと思います。

「やりあて」とは、まさに詩的な行為だと思いますね。あるいは、中沢新一先生の言う「レンマ」的なものだと思います。[*16] ロゴスという、いわゆる論理などによって順序立てて並べるということを超えて、一気に掴み取るような思考。熊楠は、それを「直接到達《ジレクトインファレンス》」と言います。direct inference、直接的な推論によって全体を捉えるということです。それをどのように表現するか、その方法はもちろんさまざまだと思いますが、アートもその一つだと思います。なんとかしてその感覚を言語化しようとすると、それは詩的、あるいは石井さんが「いのちの交歓」で引かれたように『古事記』的なものになる可能性はあると思いますね。でも、それが実は一番リアルなんですよね。迫ってくるものがある。

石井：その通りだと思います。そういえば、岡本太郎も詩を書いているんですよ。詩集という形でまとめてはいませんが、著作の中に唐突に出てくるんです。その詩が作品の説明になっている場合もあります。そもそも太郎は自分の作品について説明することが少ない作家です。作品と詩を並べたりして、おそらくそれが太郎にとっての説明に代わるものだったんだろうなと思うのですが、その辺の作品と詩の関係については、あまり研究されていないのではないかな。
唐澤：なるほど、詩が作品の説明になる……やはりそうなのですね。熊楠はどうかというと、詩というか、都々逸《どどいつ》をよく詠んでいます。このあたり、研究してみると面白いかもしれない。そもそも、彼の文章、書簡や日記なんかを読むと、とても詩的ですよね。

何となれば、大日に帰して、無尽無究の大宇宙の大宇宙のまだ大宇宙を包蔵する大宇宙を、たとえば顕微鏡一台買うてだに一生見て楽しむところ尽きず、そのごとく楽しむところ尽きざればなり。*17

私はこの言葉が大好きなのですが、これなんか、頭だけで考えると一体なんなんだっていうことにもなります。でも、この詩的なリズムがとても心地いい。このクラクラする感じがたまらないですね。熊楠は、大宇宙を望遠鏡ではなく顕微鏡で覗けると言うわけですよ。そして、そこに楽しみがあると言う。これが熊楠にとっての「現実」だったんだろうなあという気がします。粘菌という極小の世界を見ていた熊楠は、同時に大宇宙を目のあたりにしていた。そのように矛盾するような

*16　中沢新一『レンマ学』講談社、二〇一九年参照。
*17　南方熊楠「一九〇三年七月十八日付土宜法龍宛書簡」『往復書簡』三〇〇頁。

事柄であっても、それを一気に掴み取れるところが、熊楠のユニークネスであり、レンマ的なことなんだろうと思います。

石井：粘菌を見ながら粘菌が包み込んでいる小宇宙、さらにその奥にある、もっとミクロな宇宙、さらにミクロな宇宙、宇宙、宇宙……と入れ子状の宇宙が見えてくると同時に、自分もその宇宙の一部であって、さらにもっと大きなマクロの宇宙にも包まれているという……。ですから、粘菌を観察しているのだけれども、自分も含めて存在している世界も含めた、入れ子状の何層にもなっている宇宙がそこに見えているという感覚だったのでしょうね。僕の勝手な想像ですが、それは感覚的によくわかります。

唐澤：そうなんですよね。感覚的にはわかるのですが、それを論理的に述べようとすると、どうも変なことになってしまう。なんかもう、興醒めになることもありますね。それでもなお私は考えるし、述べ続けますが……。いずれにしても、この熊楠の言葉は本質を突いているなと、それこそ感覚的によくわかります。

石井：太郎の「爆発」という言葉も、精神や命が音もなく拡散する宇宙との合一という意味なんですね。自分という宇宙と、もう一つの自分という宇宙と、他者の宇宙と、さまざまな宇宙と、爆発によってつながるという感覚ですね。

唐澤：ええ。その爆発している時というのは、まさに瞬間ですよね。

石井：その通りです。

唐澤：前章でも述べましたが、熊楠も過去・現在・未来という時間の矢が本質的にはないということを本当に散々言っている。

石井：そう、過去も未来もないんだということは太郎も散々言っている。今、この瞬間しかない。瞬間、瞬間にすべてがある。過去も未来も、今この瞬間、瞬間、この一点にあるという言い方をしていますね。

唐澤：そうなんですよね。これも前に言いましたが、熊楠だと、「大日に取りては現在あるのみ。過去、未来一切なし[*18]」なんて土宜法龍に宛てた手紙に書いていますね。日記には、「過たるは過去、未来は未来は未見なり。然し何れも実に現にあるなり[*19]」とも書いています。

石井：まったく同じですよ、岡本太郎と。

唐澤：私も実感としてわかります。粘菌を顕微鏡で見ていると、このような感覚になりますよ。時間が溶けるというか、通常のリニアな直線的な時間というのがなくなる。渦巻いている感じです。熊楠は粘菌を顕微鏡で見ることにより、ある種の瞑想状態に入っていたのかなあという気がしますね。顕微鏡瞑想法あるいは粘菌瞑想法（笑）。

石井：それはやはり対象と一体化するということですよね。そういうところに不思議な時空間が生

＊18　南方熊楠「一九〇三年八月八日付土宜法龍宛書簡」『往復書簡』三三五頁。
＊19　南方熊楠「一九〇四年三月二十七日付日記」『日記』二巻、四一九頁。

まれる。対象に没入することで対象に浸潤し、熊楠なら粘菌と語り合い、太郎なら素材と語り合い、そこから出てくるものや見えてくる景色があるわけですよね。

唐澤：そうですね。ただ、その主客が合一した溶け込んだ状態の時に、いろいろと感じるものがあるわけですが、その状態にずっと止まるということはやはり人間である限りはできない。どうしても戻ってきてしまう。それは、人間が本源的に「無への不安」（キルケゴール）を持っているからだと思います。つまり、自他の区別が完全に無くなることへの強烈な不安。それは熊楠といえども同じです。そのような主客合一の状態に深く深く入り込みながらも、やはり現実世界というものに戻って、実際に日々の生活を営んでいるわけですから。つまるところ、行ったり来たりする、この往還運動が非常に大事なのでしょう。瞬間的合一の感覚を振り返ることができるのも、戻ってくるからです。現実世界に戻ってきてこそ、その時の感覚を改めて考えることができる。深く入り込んだ状態にずっと止まっていたら、現代だと病院に送られて「治療」の対象とされてしまう可能性もあるでしょうね。

石井：確かに。そのまま宇宙に溶け込んでいったら、生命としては死を迎えることになるかもしれませんね。

第三章　南方熊楠という方法／岡本太郎という方法

顕微鏡一台で広大な宇宙をフィールドワークする

――第一章、第二章ではそれぞれの生い立ちや海外体験など、南方熊楠、岡本太郎の人生と重ね合わせながらその思想を見てきました。ここでは、熊楠、太郎のそれぞれの「方法」に注目したいと思います。熊楠は実際にさまざまな植物を採集していますね。それはいわゆるフィールドワークのようなものだったと思いますが、まずは、それぞれのフィールドワーク的な「方法」について伺えればと思います。

唐澤：熊楠は、実際によく野外に出て、そこにどのような生物が棲息しているのかを観察していきます。田辺だと、神島、闘鶏神社、天神崎などにはよく足を運んでいますし、長期的な視点で見れば、那智山での三年間も重要なフィールドワークの期間だったと言えると思います。那智山では、大阪屋旅館という場所を拠点に、採集した植物や粘菌の標本を制作したり、「南方マンダラ」を描いたり……。精神的な危機状況とは裏腹にとてもアクティブでクリエイティブな活動をしています。そのあり方は、今で言うところの「アーティスト・イン・レジデンス」を少し彷彿とさせるものです。

まあ金銭的にはもっぱら実家頼みでしたが。

彼の神社合祀反対運動での力強い思想的背景には、このようなフィールドワークでの知見や実感があります。『南方二書』という神社合祀反対運動の際に作成された冊子には、一二五種類の生物が記されています。さらに、その内二十八種類は、現在レッドリスト（絶滅の恐れのある野生生物のリスト）に登録されているものです。[*1] 彼には、稀少な生物を見極める確かな目がありました。そして、特に神社の鎮守の森は、彼にとって重要でした。言うなれば、そこは「フィールドミュージアム」だったわけです。実際、熊楠は「最近イギリスの友人の研究者が、その土地の貴重な自然を守るために、その土地ごとに、野外博物館を設ければ良いということを言い出しているけれど、そんなものは日本にはずっと昔からある。それは神社だ」[*2]ということを述べています。

このように、神社の鎮守の森は、熊楠にとって重要なフィールドでしたが、それよりもすごいのが、彼の庭。熊楠は、自邸の庭で粘菌を四、五十種類は見つけていると言っています。新種のミナカテルラ・ロンギフィラも自分の庭の柿の木で発見していますし。生物学的な知識はもちろんあったでしょうが、それだけではこんなにたくさん発見できないと思うんですよね。彼には、粘菌から

＊1　土永知子「南方二書とレッドリスト」『熊楠 works』No. 59、南方熊楠顕彰館、二〇二二年、一九頁参照。
＊2　南方熊楠「一九一二年二月九日付白井光太郎宛書簡」『南方熊楠全集』七巻（岩村忍、入矢義高、岡本清造監修）、平凡社、一九七一年、五六一頁参照。

の「声なき声」のようなものを傾聴する独特な姿勢があったのだと思います。いずれにしても、熊楠は庭をとんでもなく詳細に調査しています。

彼のフィールドワークは、まさに「実地検分」であり、実際にその場でじっくり生物を観察するということが基本でした。また、さまざまな人たちに会って話を聞くということも大事にしていました。だから、インタビューについても、熊楠はとても上手だったのではないかと思いますね。彼は、床屋や大工、漁師や農家といった市井の人たちから聞いた話を非常に重視しています。近所の行きつけの床屋に来る人をつかまえては、さまざまな話を聞いていたようです。銭湯も熊楠にとってはそういう場所でした。銭湯に行き、そこに毎日来る古老をつかまえて、民俗に関するさまざまな話を聞いたりしています。彼は、長時間にわたって、入れかわり立ちかわりやってくる町の古老や職人たちから珍しい話や古い話などを聞くのが日々の楽しみでもありました。熊楠はそうやって得た知識を、学者によって立てられた仮説の吟味などに役立てていました。

石井：それは面白いですね。

唐澤：ですから、実は彼にとっては、遠くの地方や海外に行かなくても、日々の生活の中で、その場その場で出会う個々人の話を聞き、古物や動植物などを観察すること自体が、既に広範囲なフィールドワークになっていたとも言えます。熊楠には、常に、全体の中に個があるのみならず、個の中にも全体があるという実感がありました。顕微鏡一台で、粘菌や生物の中に広大無辺な大宇宙まで見ていたわけですから。そう考えると、彼にとっては、田辺という町、いやそれどころか銭湯自体、そして庭さえも、大宇宙的なフィールドだったわけです。そして熊楠は——第一章でも述べましたが——このようなフィールドワーク的手法の総体を「遊び」と称したわけです。

フィールドワークを日本語で言うと、一般的には「野外調査」とか「実地検分」ですよね。私は大学でアーツ&ルーツ専攻というところで教えているのですが、そこではこのフィールドワークをとても大事にしています。学生たちは地域に残るさまざまな文化的・民俗的ルーツを調査し、自身の作品に接続していきます。フィールドワークという言葉が学生からも教員からもごく日常的に出てくる環境です。では、このある種身近になりすぎている手法を、例えば「野外調査」というありきたりな言葉以外で表すとしたらどんなものが適切か——。ある学生が、そんな質問を先生たちにして回ったことがあります。結果として「野良仕事」、「野生めぐり」、「出会うこと」、「感染」などの答えを得られました。面白いですよね。どれも、そうだなあとしっくりくる。私は、特に「感染」という言葉にはハッとさせられました。確かにフィールドワークでは、人や物などに出会って、自分自身が感染するようにじわじわと思考が変容していくことがありますよね。私自身は確か「磁場探査」と答えました。その場所が持つ雰囲気を肌感覚で捉えていくことが大事だと思ったからです。ここで言う「磁場」は、もちろん電流的なものではなく、その場のトーンのようなものです。それをじっくり探査ながら、そこにいる人やある物、それから動植物に自分の思考や身体を調律していく感じですね。そして熊楠は、この手法に非常に長けていました。古老などからうまく話を聞き出したり、粘菌の「声なき声」のようなものを聞き取ったり、つまり彼は、自身を他者へチューニングしていく術に秀でていたのだと思います。あと、植物生態学者の盛口満さんは、熊楠は「湿気だまりのいのちの濃さ」[*3]を感じ取っていたと言っています。とても素敵な言葉ですよね。このように、フィールドワークにおいては、自分自身をその場に浸して、そこに漂う空気もしくはいのちの濃度を感じ取る姿勢が大事なんだと思います。

縄文と沖縄から日本人の根源をフィールドワークする

――岡本太郎の場合はどうでしょうか。パリではマルセル・モースの講義に参加していたとのことですが、つまり民族学・文化人類学的な関心を岡本太郎も持っていたとするならば、何かいわゆる民族学・文化人類学的な調査、フィールドワークに出たりしていたのでしょうか。

石井：岡本太郎の場合、日本でフィールドワークを意識的にやっていたかどうかは定かではありません。前にも話したように、パリ大時代には、マルセル・モースの下で民族学を学んでいましたが、基本的には人類博物館で講義を受けるのでフィールドには出ていないですね。とはいえ、同じ門下には、のちに構造主義人類学で有名になるクロード・レヴィ＝ストロースがいたり、バタイユが秘密結社アセファルと同時期に立ち上げた社会学研究会には、ミシェル・レリスがいました。レヴィ＝ストロースは、ちょうど太郎と入れ違いでブラジルに旅立っているので接点はないですが、レリスとは、一九三〇年代初頭に人類学者のマルセル・グリオールのアフリカ横断調査団に参加し『幻のアフリカ』を刊行した後に出会っているはずなので、彼から実際のフィールドワークについて何か聞いていた可能性はあります。

他にも、パリ大学の民族学界隈の仲間や大学の講義でフィールドワークについていろいろと話は聞いていたと思いますが、パリ時代に太郎がどこか遠方に調査に行くということはしていなかったと思います。太郎が民族学を学んでいた当時、第二次世界大戦の開戦直前でしたから、日本が統治していた南太平洋をフィールドに選んだものの、戦前も戦後も調査に赴くこともありませんでした。物質文化的な民族資料はパリの人類博物館にあったので、それらを間近で見ていたのでしょうけれど。師匠のモースもフィールドワーカーではなく、アームチェアの人類学者ですが、彼はフィールドワークで得られたデータや民族誌を参照しながら講義を展開していたはずなので、そこで太郎はさまざまなフィールドワークに関する知識を蓄えていったのでしょう。

戦時中は調査などできませんが、戦後、復員した太郎は、民族学者としてというよりも、芸術家目線で日本の美術を歩いて見てまわっています。その時のことは『今日の芸術』（光文社知恵の森文庫、一九九九年）で回顧されていますが、当時、多くの日本人に日本美術のメッカと思われていた京都や奈良の文化や芸術を見て歩く。その行く先々で出会うものが、日本の美術ではないことに、

＊3　盛口満『雨の日は森へ——照葉樹林の奇怪な生き物』八坂書房、二〇一三年、一九九頁。

太郎は衝撃を受けています。現代人は、京都や奈良の古美術の風化したわび・さび・渋みをありがたがっているけれど、仏像などはもともとは絢爛豪華な極彩色のものであり、それももとを辿れば大陸文化の輸入品ということに気づいて、太郎はかなり意気消沈しています。いわゆる日本美術には太郎に訴えかけてくるものがなかった。

ところが、諦めかけていた矢先に出会ったのが縄文土器です。美術雑誌『みずゑ』の原稿依頼で見に行った東京国立博物館の展覧会「古代日本文化展」に、縄文土器が展示されていたんですね。これを見た太郎は、全身が打ち震えるほどの感動を覚えた。当時は、わび・さび文化の源流として、伊勢神宮の建築や弥生時代の銅鐸や古墳時代の埴輪などが美術的に評価され、縄文土器や縄文文化はほとんど顧みられていませんでした。縄文土器は、むしろ日本人とは異質なものと見られる傾向が強かったのですが、それを岡本太郎は徹底的に批判します。一九五二年二月号の『みずゑ』に寄稿した「四次元との対話 縄文土器論」で、縄文土器こそが日本文化の源流だと言ったのですが、そこでは民族学の知見が大いに役立てられています。

その後、一九五七年から「芸術風土記」という雑誌『芸術新潮』の連載が始まり、これをまとめたのが『日本再発見――芸術風土記』（角川ソフィア文庫、二〇一五年）ですが、自らカメラを持ち、秋田、岩手、京都、大阪、出雲、四国、長崎を歩き、縄文的なるものを探索する旅をしていますが、東北と出雲に強い関心を寄せています。もしかしたら、そこでかつてフランスで見聞きした人類学的なフィールドワークの方法を意識したかもしれませんが、民族誌というよりも芸術家視点の紀行文といったほうが適当かもしれません。

その後、一九五九年に、太郎は友人からの誘いで沖縄へ旅行することがありました。そこで出会うものすべてに「なんだ、これは！」と驚き、沖縄をもっと掘り下げねばと考えた。翌年、雑誌『中央公論』に「沖縄文化論」を連載し始めますが、この雑誌連載企画でカメラ片手に沖縄に何度も訪れることになり、それが書籍としてまとめられたのが『忘れられた日本――沖縄文化論』[*4]（中央公論社、一九六四年）です。これを三島由紀夫が文学として絶賛し、毎日出版文化賞を受賞しています。雑誌連載では久高島の風葬の写真を出したことで、良くも悪くも話題になり、太郎の没後に功罪論争にもなりました。最近、岡本太郎の沖縄論を実地検証したドキュメンタリー映画『岡本太郎の沖縄』（監督・製作・編集 葛山喜久）がつくられていますが、僕は二十年くらい前に久高島に長期滞在して、島の人々に太郎について聞いて回りましたが、彼を批判する人は聞いた限りでは誰もいませんでした。いずれにしても、このようにして太郎は縄文と沖縄に出会ったんですね。

太郎の中では、「私は、これこそわれわれの文化の原型だと、衝撃的にさとった。（中略）そのなんにもなさ、無いということのキヨラカさにふれて、言いようのない生命感が瞬間に私のうちによみがえったのだ。逆に、物として、重みとして残ることはわれわれ日本人にとって、一種の不潔さ、穢《けが》れのようなものではないか、ということさえ。それはかつて縄文土器をはじめて見たときに覚え

＊4　岡本太郎『沖縄文化論――忘れられた日本』（中公文庫、一九九六年）として復刊。

たなまなましい感動と、一見裏がえしのようだが、なにか同質の、いわば生命の共感ともいうべきものだった」[*5]と語っているように、たまたま博物館で出会った縄文と、たまたま友人を訪ねた際に出会った沖縄を、表裏一体のものとして捉えていたようです。

それからフィールドワークとしては、一九六二年から翌年にかけて、全国各地の聖地や祭りを中心に取材を重ね、これらも雑誌に発表されていますが、まとめられたのが『神秘日本』(角川ソフィア文庫、二〇一五年)です。この本で展開される東北文化論は、縄文を媒介に沖縄文化論と呼応しているようにも思えます。

いずれにせよ、縄文との出会いがきっかけだったのですが、それから「芸術風土記」の東北を皮切りに日本全国を取材して回り、時代を超えて貫流する日本列島人の根源的な精神性を掘り起こしていく旅をずっと続けていました。そのいずれもが、雑誌などの仕事として依頼されたものなので、人類学者や民俗学者の調査研究とは異なりますが、このフィールドワークの過程で太郎の眼に留まり、ひろい上げられた縄文的あるいは沖縄的なものは、学者の目線では見つけられないものばかりで、今読み返しても新たな発見に満ちていると思います。

岡本太郎の取材と称する調査の基本的な姿勢は、ほとんどぶっつけ本番だったそうです。学術調査であれば研究者が調査プランを立てる際、調査対象地域について事前に調べるものです。ところが、岡本敏子さんから聞いた話では、太郎の場合、何も調べずにまず現地に行く。それで現地の人に案内をしてもらいながら各地を見て回り、そこで出会ったものの中で、これぞというものがあったら、帰ってきた後に徹底的に文献を調べる。そんなやり方だったそうです。
唐澤：ぶっつけ本番ですか。その分取り逃がすものもあるでしょうが、そんな中でこれぞというものに出会った瞬間は感動的でしょうね。そして太郎は、それを見出す感度がとても高い人だったのだと思います。

「何もない」空間の経験

唐澤：沖縄にはいわゆる縄文土器はないのですか。
石井：ありますね。ただ、縄文とは少し異質で、土器に縄目文様を使用している時期があるにはあるのですが、出てくる年代が本州島よりも遅いですね。沖縄の場合、縄文時代と並行する時期に「貝塚時代」という独自の呼称がつけられているので、縄文文化とは別の文化と思われてしまいますが、縄文時代に九州島との交流もありますし、沖縄にも縄目文様の縄文土器は存在します。
唐澤：沖縄の縄文土器を、岡本太郎も見たのでしょうか。
石井：沖縄の縄文について、太郎は何も語っていませんね。太郎が沖縄に行っていた当時は、まだ戦後の本土復帰前ですから、戦後処理や戦後復興を経ても、パスポートがなければ行けないような

＊5　岡本太郎『美の呪力』新潮文庫、二〇〇四年、二〇―二一頁。

状況下です。発掘調査が行われていたとしても、それを展示公開するのはずっと後になってからかもしれないですね。

唐澤：しかし、その縄文土器と沖縄の文化には、何かしら通奏低音のようなものを見出し、それこそ日本文化の根源だと、太郎は直観したわけですよね。

石井：それは土器によって二つの文化を比較して、そう考えたからではないんです。太郎が関心を持ったのは、沖縄の聖地である御嶽《うたき》です。現代都市で生活する人からすれば、ただの自然が広がる本当に何もない、森の中の広場みたいな空間です。神社のような建築物もなく、神像もない。石と樹があるだけの素朴な空間。そこに神が舞い降りる。

太郎は御嶽の体験を「何もないことの眩暈《めまい》」と言っていますが、過剰な装飾を持つ小さな空間の縄文土器とは正反対の「何もない」ことにピンときて感動した。何もない空間。何もないのだけれど、何もないからこそ、矛盾するようですが、そこには何か根源的なものがある。

太郎作品に《石と樹》(次頁)という絵画があります。これは沖縄の御嶽を描いたんではないかと僕は考えています。太郎は『沖縄文化論』で「自然木と自然石、それが神と人間の交流の初源的な回路なのだ」と言っていますが、この絵はまるで生きもののように絡み合う石と樹が描かれています。御嶽には人工物はないけれど、何もないわけではない。絡み合う他者としての石と樹が、そこにはいるんです。

沖縄の御嶽には、石の香炉やイビと呼ばれる神聖な石が置いてありますが、石と樹の組み合わ

岡本太郎《石と樹》1977年（油彩・キャンバス）
画像提供：公益財団法人岡本太郎記念現代芸術振興財団

せは《夜》（八七頁）にも描かれています。秘密結社アセファルにとっての聖地にいる聖樹と石です。だから、「石と樹」は太郎が沖縄の聖地である御嶽で、ピンときた体験以前から持っていたテーマなんです。何もない空間である沖縄の御嶽と、ゴテゴテの装飾が施された火焔土器に代表される縄文時代中期の土器は、一見するとまったく異質ですが、そこには響き合う何か、つまり「四次元との対話」があることを太郎は感じ取った。

唐澤：その感じ取るというのが、おそらく文化人類学者の重要な仕事の一つであり、醍醐味なのではないかと思います。そして、一見全然違うものや事柄、話に、奇妙な共通点や類似点を見出した時、大きな快感とともに魂が震える。いやそれは、文化人類学に限らず、学問において一番楽しいことかもしれませんね。

石井：確かに、学術的にもそう言えますね。感じ取るのは、太郎のシャーマン的な芸術的感性かもしれませんが。

唐澤：例えば熊楠は、ヨーロッパのシンデレラの物語と、中国の葉限《しょうげん》という少女の物語があるのですが、それらは一見、全く違う話に思えるのだけれども、実は構造的には同じだと考えました。[*6] このあたりの議論は、中沢新一先生が『熊楠の星の時間』[*7]の中でもされています。灰かぶり姫としてのシンデレラは、竈という火の領域に近くにいて、一方、葉限は、水の領域の近くにいた少女で、両者とも最終的に幸運を得ます。つまり二人とも、火の領域と水の領域という死者の世界に親しくしていた者たちなわけですね。おそらく熊楠がこれに気付いた時、非常に快感を覚えただろうなと思います。それこそ、「なんだ、これは！」となったんじゃないでしょうか。

石井：そういう学術にも芸術にもある快感は、太郎にもあったと思います。太郎が東北を回ってみれば、縄文土器や沖縄の御嶽につながるものがたくさんあり、時代を問わず、連関するさまざまなものが見つかる。縄文的なるもの、つまり超自然との対話を匂わす、多種多様なものをつなげていく先で、那智の火祭りや密教の曼荼羅に出会った。そう考えると、太郎の『神秘日本』のフィールドワークは、タイトル通り、日本列島における聖地や祭りの「神秘」を掘り下げることで、自身の思想を固めていく作業だったのでしょう。

それ以前、『日本再発見——芸術風土記』の取材でも、大阪などの関西方面も含めて、列島各地を回っていますが、現地に自分が探し求めているものがあまりない時の太郎の文章は、読み応えに欠けます。東北と出雲の語りと、それ以外の地域の語りを比較すると、濃度がまったく違うんです。

何らかのつながりを見出した時とそうでない時の温度差と言いますか、縄文的な「神秘」に触れたか否かで語りの密度が変わる、そういう視点で文章を比べてみるのも面白いかもしれません。

唐澤：そうですね。やはりどんな天才でも文章の濃度には差があると思います。岡本太郎の御嶽に関する文章はすごく濃くて美しい。そもそも御嶽という空間が面白いですよね。

ハイデガーの言葉に、「リヒトゥング（Lichtung）」というものがあります。「空開処」と訳されたり、「明るみ」「開け」と訳されたりしています。そして、その明るく開けた場所、「存在」の開けとでも言うべきところから何か神聖なものが湧き上がってくる、つまりエリアーデの言う「ヒエロファニー」ですね。きっとハイデガーだったら、御嶽のことを空開処（リヒトゥング）と呼んだだろうなと、お話を聞いていて思いました。

石井：太郎もハイデガーやエリアーデの著作を読んでいたとは思うのですが、書き物では引用をほとんどしない上に、自分の言葉に変換して語るので、他者の知識の影響については、思想史や宗教学などの研究者が掘り下げていかないと、よくわからないところがあります。

僕の視点から空間について考えると、縄文時代の特徴的な空間ということで言えば、竪穴式住居

＊6　南方熊楠「西暦九世紀の支那書に載せたるシンダレラ物語」（一九一一年）『南方熊楠全集』二巻（岩村忍、入矢義高、岡本清造監修）平凡社、一九七一年、一二一―一三五頁参照。

＊7　中沢新一『熊楠の星の時間』講談社、二〇一六年、九五―九七参照。

が円形に連なった環状集落があります。この集落空間は、ドーナツ状の構造をしていて、居住空間に囲まれた真ん中に、何もない広場があります。このドーナツの空洞部分にあたる広場を、死者を埋葬する墓場が取り囲んでいます。死者と生者が同居する、いわば聖なる空間だったんですね。そこでは、祭りも行われた可能性が考えられています。

また、縄文土器は土鍋ですが、動植物の生と死がまじり合う空間です。ひょっとしたら太郎は、生と死が混在する縄文時代の祭りの円形広場と同質のものを、縄文土器にも御嶽にも感じ取っていたのかもしれません。

ところで、沖縄の御嶽の中で有名なのが、神の島と呼ばれる久高島のフボーウタキです。僕は、学生時代に久高島に数週間滞在したことがあり、滞在初日に、この御嶽の入口まで行ったことがあるのですが、島人であっても男子禁制の聖域です。僕が行った当時は、立ち入り禁止の立て看板がありました。岡本太郎は、久高ノロの息子さんの案内でこの御嶽に入り、写真も撮っていますが、現在は完全に立ち入り禁止になっています。

僕が行った時は、観光客のおじさんがレンタル自転車で御嶽の入口までやって来て、スタスタとビーチサンダルで入っていくのを目撃しました。僕も観光客なので「入ってもいいのかな？」と思い、入ろうとしたんですね。真昼間でしたが、参道に数歩踏み込んだところ、目の前に白くて細長い、ちょうどムーミンに出てくるニョロニョロが半透明になった感じの、人のような白い影がずらーっと出てきて立ち並び、僕に「入るな」と言うかのように立ちはだかったんですね。それで

大湯環状列石（万座遺跡）撮影：唐澤

僕は立ち入ろうとしたことを、その白い影たちに謝罪し、御嶽に入ることはしませんでしたが、とても不思議な体験でした。

その後、御嶽から港のほうへ戻る道すがら、建物が見えたのでそこへ入ってみると、壁に写真がたくさん展示されていました。そこでカミンチュー（巫女）の女性たちが白装束に桑の葉を頭につけている写真があり、「ああ、さっき僕に御嶽に入るなと言ったのは、この人たちか」と思いました。後で知ったのですが、展示されていた写真は、沖縄の写真家・比嘉康雄さんが撮影されたイザイホーの写真でした。僕以上に、太郎は御嶽の中で強烈な何かを感じたはずですね。

唐澤：面白いですね。石井さんが見たものと感覚は、すごく正しいものだと思います。往々にして、そういうふうに肌感覚で察知したことには、あれこれ考えずに従ったほうがいい。

つい最近、私は大湯環状列石に行ってきたのですが、あれもある意味では空開処と呼べるような、空間構造になっています。中心にヒエロファニー的に日時計と呼ばれる立石がありますが、むしろその周縁が重要な感じがします。ここは、縄文時代の墓地というのが有力な説ですよね。おそらくそこで生と死にまつわる重要な儀式も行われていたのだろうと考えられています。ここには、気軽に立ち入ることを拒むような異様な雰囲気が漂っていました。二歳（当時）の息子も一緒に行ったのですが、不思議と絶対にサークル内には入ろうとしませんでしたね。むしろ子供のほうが、そういう雰囲気に敏感なのでしょう。無邪気に見えても、全身が研ぎ澄まされている。

石井：子供は感覚が鋭いですからね。縄文時代後期の環状列石《ストーンサークル》と同じ時期、イギリスのストーンヘンジも石で円形のサークルをつくっています。イギリスにはウッドサークルもありますが、縄文時代晩期の石川県真脇遺跡などにもウッドサークルがあります。縄文時代中期には環状集落もあるので、先史時代の空間デザインはサークルだらけです。面白いのは、縄文時代中期の終わりに環状集落は崩壊し、入れ替わるようにストーンサークルが各地に築かれていく点です。集落は円形の空間デザインではなくなっていくけれども、縄文時代後期の人々は、石で巨大な円形空間を築き、サークルは近隣の集落の人たちと共同で使われる祭りの空間になっていく。

ストーンサークルの内部には墓もあり、それほど多くの死者が埋葬されているわけではないのですが、かつてはムラの真ん中にあった墓地と何もない祭り空間だけが取り出されて、石で囲われた空間へと変わっていく。同じ時期にイギリスでも同じようなことをしているので、ユーラシア大陸の両端の島国で、物質文化が響き合っているかのようなところが面白いですね。

唐澤：大湯環状列石は内輪と外輪の二重構造になっていますよね。環状列石の背景には、単なる円環ではなくて重層的な円環あるいは渦巻き的思考があるのかと思います。少なくとも直線ではない。言うまでもなく、縄文土器も渦巻き文様が多いですよね。渦については前章で少し触れましたが、やはり縄文人の思想的背景もう少し言うなら死生観には、強烈なスパイラル構造があったのではないかと思いますね。

やはり環状列石は、生活空間兼墓地だったのでしょうか。それとも……。

石井：縄文土器は粘土の輪を積み上げてつくるので、形そのものがスパイラルですね。円・環・螺旋《らせん》は密接に連関しています。縄文時代中期の環状集落は、生活空間が墓地と祭場を抱え込んでいましたが、縄文時代後期の環状列石は生活空間を伴いません。少数の竪穴住居や掘立柱建物が痕跡として列石内に残っているところもありますが、これらの建物は、殯《もがり》の施設だと推測で言う研究者もいます。とはいえ、確たる証拠はないので、実際のところはよくわかりません。

環状列石とは離れた場所に、大小のムラが点々と存在していますが、いずれの集落からもだいたい同じ距離にある場所に、環状列石がつくられたようです。ですから、共同で行う祭りの場として使われたのだろうという推測が有力な説ですね。縄文時代の「葬祭センター」と呼ぶ研究者もいますが、環状列石にはそれほど多くの墓があるわけではないし、質の異なる現代の葬祭センターをイメージしてしまう呼称には疑問が残りますね。

岡本太郎のカメラ、南方熊楠のスケッチ

――フィールドワークを方法論的に用いたのは文化人類学であり、南方熊楠も岡本太郎も、それを意識的に行っていたわけではなかったかもしれないけれども、やはりフィールドワーク的なことを通じて、さまざまな事柄や物に出会っているわけですね。顕微鏡の例もありましたが、そうしたものを感じる目を熊楠も太郎も持っていた。そのような直感は、「夢」や「やりあて」のようなものともつながってくるのだと思います。そうしたフィールドで実際に何を見て、何を掴み取ってきたのか、熊楠や太郎にとってそうした直感が働く取っ掛かりや傾向というのはどのようなものだったのでしょうか。

唐澤：熊楠は、ルーペを携えて生物観察に森の中に入ってきました。そして実物の生物をその場で見ることを大事にしていました。また簡易顕微鏡も持っていました。ちなみに私はというと、デジタル携帯顕微鏡を持って、野外で粘菌の観察をすることがあります。粘菌そのものを、野外の自然光の中、そしてその場の気温や湿度を感じながら見ることも大事なのですが、そのまわりにどのような生物がいるかを知ることも重要です。カタツムリとか、ダンゴムシとか、キノコとか。それらがどういうふうに関係し合っているのかを知ると、違う場所に行っても、だいたい粘菌が棲息して

いる場所の目星をつけることができるようになります。熊楠は、このような生物同士の関係性をとてつもなく詳しく把握していました。

熊楠が聞き取りなどで好んで集めた民話や伝説は、いわゆる性的なものが多い。両性具有に関する話にもかなり関心がありました。人間は誰しも男性的な側面もあれば女性的な側面もあります。熊楠自身はというと、自分は男性で論理的な思考の持ち主であるという自負がある中で、それとはある意味で正反対の、曖昧で猥雑なものに強烈な関心を持っていました。それが非常に面白い。言い換えれば、自己認識している自身の性とは、真逆なものを異様なまでに集めようとするというところがあったと思います。そうすることによって、自分の「片割れ」的な、足りないもう半分の自分を見つけ出して補完し、「完全体」を目指そうとする強い志向性がありました。熊楠は、完全体としての「一切智」を目指していました。一切智とは、仏教の用語で、この世の全てのものを知っている人のことです。熊楠は、ライプニッツが「doctor universal」と呼ばれていたことを強く意識していたのでしょう。彼は、一切智＝doctor universal と考えていた。[*8] そして自分のことを「大東一切智」、つまり東洋の一切智と称したりもしています。ふつうは、このような大仰なことはあまり公で口にしませんよね。しかし、熊楠は、あらゆるものを集め、知り、それになりたい、いや、

＊8　南方熊楠「一九一二年十月二十五日付柳田國男宛書簡」『柳田國男 南方熊楠 往復書簡集』（飯倉照平編）平凡社、一九七六年、一八九頁参照。

なれると思っていました。自分であれば、すべて片っ端から集めて一切智になれる、と。
最近私は、菅江真澄（一七五四―一八二九年）の旅の軌跡を追うという展覧会プロジェクトに携わりました（〈ARTS & ROUTES あわいをたどる旅〉二〇二〇年十一月―二〇二一年三月）。真澄にも、熊楠と同じような知へのデモーニッシュな欲望が見られます。真澄は、柳田國男から日本の民俗学の祖と評された人ですが、彼もまたさまざまなところを歩いて、さまざまな事を聞き出し、すべてを知ろうとした人でした。二人ともことごとくすべてを網羅したいという欲望に取り憑かれていますね。松岡正剛さんは、「モーラの神」[*9]（網羅を強いる神）という言葉を使いますが、まさにこの二人は、その神に憑かれていた。

一切智を目指す熊楠と真澄は、よく似ているところがあると思うのですが、不思議と両者を本格的に比較研究する動きというものはないんです。菅江真澄の研究自体、まだまだこれからというところではありますが、二人を比較してみるのもまた面白いでしょうね。深みにはまったら大変なことになりそうですが。

石井：熊楠がルーペなら、岡本太郎が取材に出かける際は、必ずカメラを持っていきました。気になるものに出会うと、対象にぐっと迫り、ここぞという時、これぞという写真を撮っている。ただ、人物を撮る時には、近づいてカメラを向けると恥ずかしがられてしまい、顔を背けられたりするので、そうならないための特殊なレンズを考案しています。被写体に直線的に向き合うのではなく、太郎は斜め四十五度を向いているけれども、レンズは対象の人物を捉えている。これを使って撮影した人物写真も多いようです。岡本太郎の取材は、自分が気になったものをカメラで射抜き、その場の太郎の発言はすべて岡本敏子さんがメモを取るという方法です。

パリ時代、太郎は写真家になろうと考えていた時期もあったそうです。太郎の兄貴分的な存在であった写真家の巨匠ブラッサイから、カメラや現像機材の一式をゆずり受け、本気で写真家を目指そうとしていたらしいです。他にもマン・レイや報道写真家のロバート・キャパとも親密だったようですが、結局、プロの写真家にはならなかった。とはいえ、撮影や現像のテクニックはブラッサイ直伝ですから、太郎はプロ並みの技術を持っていたのだろうと思います。

戦後、岡本太郎が自分で写真を撮らなければならないと思ったきっかけは、おそらく縄文土器で、前にも話しましたが、現在の東京国立博物館で縄文土器に出会い、その数カ月後に「四次元との対話 縄文土器論」という論考をまとめるのですが、挿図として縄文土器のディテールを含めた写真を、自分で撮影して載せたいと考えた。ところが、掲載誌の『みづゑ』の編集者は、素人の太郎に撮らせるわけにはいかないということで、プロのカメラマンを用意して縄文土器を撮らせたんですね。

その際、太郎は撮影現場であでもない、こうでもないと何度もカメラマンに指示を出す。何度も押し問答をくり返すけれども、自分が思っているような写真にまったく仕上がらない。結局、妥協して納得いかない写真を掲載することになったんです。それで、一九五六年に出した『日本の伝

＊9　松岡正剛「松岡正剛の千夜千冊」https://1000ya.isis.ne.jp/0683.html（二〇二四年二月閲覧）参照。

統』に縄文土器論を収録する際には、すべて自分の視点で撮り直した写真に変え、土器や土偶の細部文様をクローズアップしたり、トリミングしたりした写真を掲載しています。おそらく、他者の眼ではなく、自分の眼で捉えた写真を使うほうが、文章で伝えたいことを強化できると考えたのでしょうし、それだけ写真にこだわりがあり、技術にも自信があったのだろうと思います。

その後、例えば東北へ取材旅行に出かけると、現地の人に案内を頼んで、秋田のなまはげや岩手の鹿《しし》踊りや祭りなど、いろいろと見て回るわけですが、非日常的な祭りだけに注目して撮影しているわけではないところが面白い。太郎は、人々の普段の生活のほうが重要だと思っていたようです。民具への興味もそうですし、人々の暮らしぶり、街並み、職人や普通の農家の手仕事、家の中の日常の風景や物などを撮影しています。基本的な生活が土台にあってこその、祭りや儀礼であると捉えていたのでしょう。そういう視点は、人類学者らしい気がします。

太郎の人類学者的な人々の生活全般への興味関心は、一九七〇年大阪万博のテーマ館である《太陽の塔》の内部に展示するために、人類学者や民俗学者、考古学者たちの協力を得て、世界中から集めたさまざまな民族資料の収集方針にも表れています。当時、《太陽の塔》の地下空間には、世界各地の神像や仮面が一同に展示されていました。

その展示品を世界中から収集する際、太郎は万博で展示する仮面や神像だけでなく、万博終了後の民族学博物館設立を見すえて、人々の日常生活に関わる「生活用具」も収集するよう頼んでいたんですね。その時の収集品は、国立民族学博物館（通称みんぱく）に移管され、ほとんどが収蔵されています。僕たちが物珍しい目で見るようなものだけでなく、生活の中で使われていた民具を、大量に世界中から集め、それらがみんぱくの基礎資料になっている。[*10]

みんぱくは、太郎が自分がパリで学んだ人類博物館をモデルにしていたことは明らかですが、そういう意味では人類学者的なフィールドワーカーとしての物の見方を意識していたと言えるかもしれません。つまり、宗教的儀式や芸術、美術といった偏ったものの見方だけではなく、人々の生活を丸ごと捉えなければ宗教や芸術も見えてこない、というスタンスが基本にあったということです。そう考えると、国内外の取材旅行においても、太郎はカメラで人々の日常も切り抜くということをしていたので、一貫して人類学者的な視点で各地を巡っていたとも言えるでしょうね。

僕は、太郎が撮影したすべての写真を見ているわけではないのですが、ネガやポジをざっと見ていくと、ある時期からネガの始まりや随所に、石と樹を狙って撮っている写真が増えていきます。例えば寺社に生えている樹と石畳のように、石と樹を連続して対比的に撮っている場合や、樹が生えた城の石垣を撮影している写真もある。こうした石と樹がセットになる写真は結構な数があり、太郎は、明らかに石と樹に関心をもって各地で撮影しています。

唐澤：石と樹ですか。それは知りませんでした。

＊10　野林厚志編『国立民族学博物館開館40周年記念特別展「太陽の塔からみんぱくへ――70年万博収集資料」』国立民族学博物館、二〇一八年。

石井：岡本太郎の写真の全容を調べた上で、各地域を撮影した写真とその当時に書いていた文章などを対比しながら見ていくと、太郎がフィールドでいったい何を追いかけていたのか、彼の興味関心の対象が、もう少し炙り出されてくるかもしれません。先ほど熊楠と菅江真澄の比較という唐澤さんの話がありましたが、岡本太郎と菅江真澄の視点を比較しても、面白いものが見えてくる可能性は大いにありますね。

唐澤：熊楠も、民具も含めて人々の生活に対する関心はあったけれども、菅江真澄はさらにそれが強かった印象がありますね。彼は本当に細かく民具の記録、何に使うのかよくわからないものまで記録しています。そして、真澄も樹に関心を持っていて、日記などには、樹の絵を多く描いています。不思議な形をした霊木の由来だったり、トブサダテという、木や山の神に捧げるために切り株に枝をさす風習などについて記録したりもしています。

今和次郎（一八八八―一九七三年）にも熊楠や菅江真澄と同じ匂いを感じますね。彼の提唱した考現学は、現在の私たちの生活の中にある、あるいは眼前する事象を記録し考察していくというものです。例えば彼は、銀座を歩く男女の服装――外套、ネクタイ、靴の色形、女性の着物の帯の柄、スカートの長さ、髪型など――を徹底的に調べてスケッチしています。他にもちょっと笑ってしまうくらい細かく記録していますよね、炉端とか鎌掛けとか雨樋とか。彼はそれを「いっさいしらべ」と言ったりしています。今和次郎も「一切智」を目指した一人だったと言えるかもしれません。熊楠の話に戻すと、彼はカメラを自分で操作することはなかったようですが、彼自身は「カメラアイ」を持っていたと思います。要するに一回見たものは忘れないという直感像のようなものです。あたかもカメラでシャッターを切ったかのように見たものを記憶することができる。彼は先天的にそういう特殊技能あるいはそれに近いものを持っていた。熊楠は、カメラを携帯する代わりに、自身のカメラアイで頭の中に鮮明に記録していたのかもしれません。それから、自分の顔や姿をカメラで撮られるということに関しては、彼は基本的に積極的でした。だから、熊楠が写った写真は膨大に残っています。

神社合祀反対運動の際にはカメラマンを連れて、いくつかの神社とか鎮守の森とかを撮らせたりはしていますけど、日記等を見る限り、自分でカメラを使うということはおそらくなかったと思います。また、カメラに関する特別な知識があったわけでもありません。当時、カメラ自体がそれほど一般的ではなかったという理由もあると思います。今は、いつでもどこでも誰でもスマホで高画質の写真を撮ることができますが、そのことが逆に、岡本太郎のような、ここぞという時を捉える勘を鈍らせている可能性がありますね。もちろん太郎が使っていたフィルム・カメラと現在主流のデジタル・カメラは大きく違いますが。

熊楠はカメラこそ使いませんでしたが、キノコや粘菌など、彩色したスケッチを残しています。ただ残念ながら粘菌の彩色図譜に関しては、この世に二枚しか残っていないと言われています。

彼は自分には特殊な視覚があると認識していたようです。「小生の眼は色を分解する力がある」[*11]なんてことも言っています。キノコの図譜に関しては四五〇〇点ほど現存しています。熊楠は何枚もくり返し同じ図譜を、自分の納得がいくまで描いていました。私は比較したことがないのでわかりませんが、おそらく素人目にはほとんど同じように見えると思います。しかし、熊楠本人とってははっきりと違ったはずです。

また、熊楠の晩年、娘の文枝さんが助手のような役割を果たしますが、彼女にもキノコの写生をさせています。これは文枝さん本人の証言ですが、何十枚も描いてやっと一枚だけ合格するという感じだったそうです。おそらく岡本太郎がプロのカメラマンに縄文土器を何枚も撮らせて、これじゃない、違う、というふうに言ったことと同じだったんだなと、石井さんの話を聞いて思いました。

石井：なるほど。唐澤さんの話を聞いて思い出したのは、太郎が撮った縄文土器の写真を持って、編集者が土器の所蔵先に確認しに行った時の話です。この写真の土器はあなたのところにある所蔵品なので、確認をしていただき掲載許可をくださいと言う。ところが、当の所蔵先の大学の考古学者や研究者たちは、岡本太郎的な視点で縄文土器を見たことがない。だから、写真を見ても「こんなものはうちにはない」と言ったらしい（笑）。いやいや、お宅で撮ったものなのだから、あるはずなのでよく見てほしいとの押し問答の末、再度確認してもらうと、「ああ、これか。確かにうちでした」というようなことが多かったそうです。

考古学者が発掘調査報告書に掲載する土器の写真撮影で注意するのは、写真を見て全体像が分かるという一点です。この場合、考古学者は対象の中心に焦点を当てるので、太郎は考古学者が見ている視点とはまったく違う視点で、縄文土器をカメラで切り取っている。背景を真っ黒にして、ライティングも一方向からで、ライトを撮影対象にかなり近づけ、ぐっと寄って撮るというのは、今でこそみんな普通にやっていますが、もともとは岡本太郎の撮り方だったんです。その当時は、太郎の撮影方法が斬新すぎて、できあがった写真は専門家ですら判別できなかった（笑）。

唐澤：いいですね、専門家でも判別できないほどの斬新さ。私もその話を聞いて改めて思い出しましたが、熊楠のキノコの図譜も、すごい迫力と斬新さがあるんですよね。これもかなり寄って描いたりしている。部分的に書いてあるものもある。

植物の絵や菌類の絵を描くボタニカルアートという分野がありますが、そういう専門家が描く絵と、熊楠が描いた図譜というのは根本的に違うものなのではないかと思います。熊楠の図譜の特徴は、ところどころに雑誌の切れ端が袋状に貼ってあるのですが、この中にキノコの胞子そのものが入っていたりするんです。また、実物のキノコをスライスして貼り付けたりしもしている。そして、その周囲には細かい字で説明書きがなされている。時には線を引っぱって挿入文を膨大に書いたり、極端に斜め書きになっていたりとさまざまです。熊楠はこの図譜をボタニカルアートの専門家に依頼して、清書し出版しようとしたこともあったのですが、担当できる専門家が見つからないと言っ

＊11　南方熊楠「一九二四年十月十七日付小畔四郎宛書簡」『南方熊楠 小畔四郎往復書簡』（四）南方熊楠顕彰館、二〇一一年、一四〇頁。

岡本太郎『日本の伝統』の表紙（光文社、1956 年）

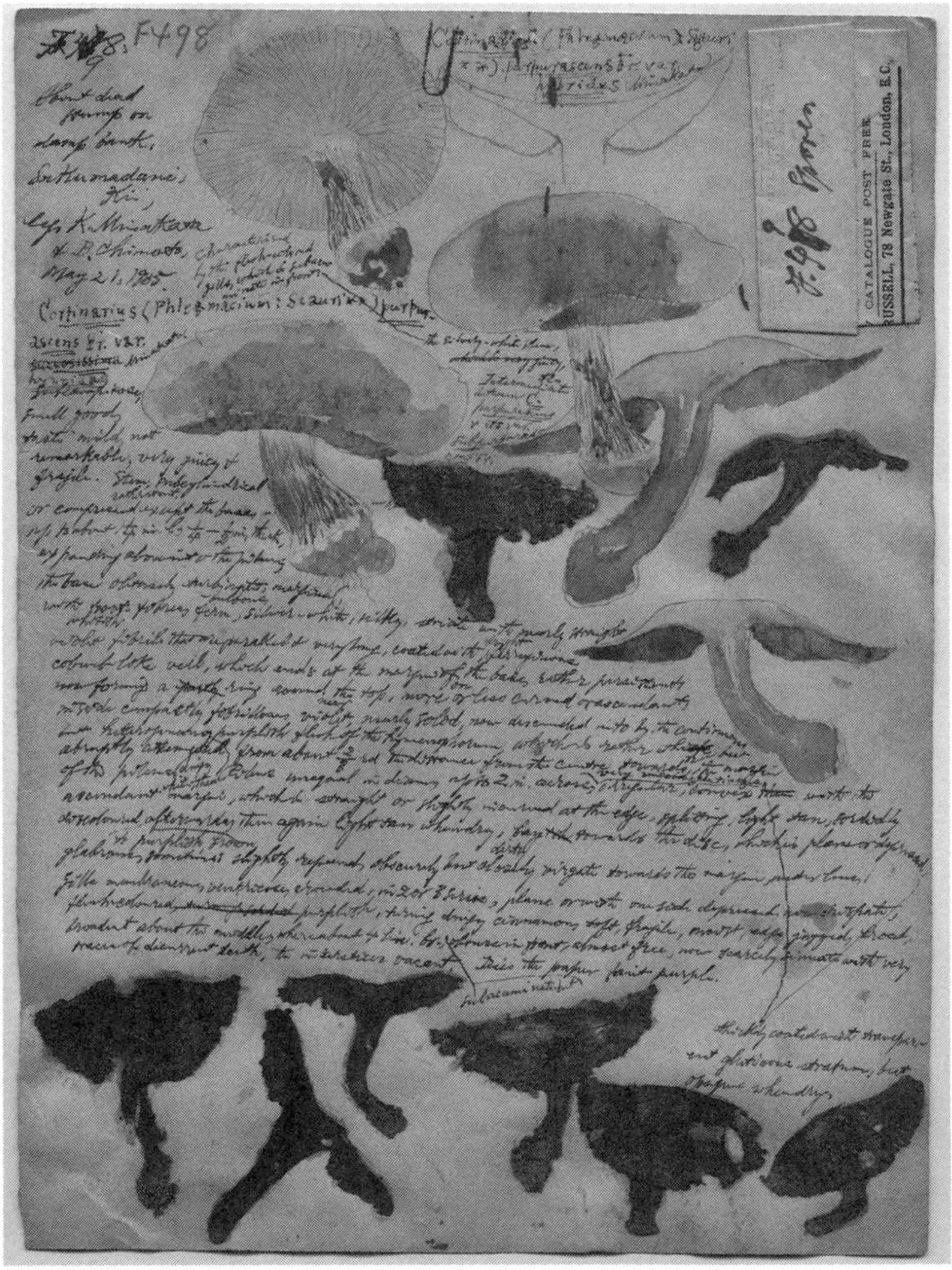

熊楠によるキノコの図譜（カワムラフウセンタケ）　画像提供：国立科学博物館

ていたそうです。そりゃそうですよね、こんな斬新な図譜を再現できる専門家なんて、おそらくどこにもいないでしょう。この図譜は、いわゆる「純粋芸術」ではないし、「大衆芸術」でもない。鶴見俊輔さんの言う「限界芸術」[*12]に近いと言えるかもしれません。熊楠はアカデミックな世界の周縁にいたし、またこの図譜は植物や菌類の専門家には受け入れられなかった、というか扱いきれなかった。いわば、熊楠というアマチュア研究者とその弟子たちの間での生産活動でした。このようなあり方の人を、美術評論家の福住廉さんは、両棲類的で「欲張りなハンパモン」と述べています。[*13]水と陸を行き来するカエルのような両棲類的なあり方。なるほどなあと思いました。熊楠の場合は、粘菌的で「欲張りなハンパモン」と言ったほうがいいかもしれませんね。結局、熊楠の図譜は出版されずじまいでした。しかし、岡本太郎の縄文土器の撮り方が現在ある種の当たり前になっているように、熊楠の図譜のようなものがこれからスタンダードになってくる可能性もあるかもしれません。

石井：対象の捉え方があまりにも個性的だったということで切り捨てられる。でも、そういう見方をする人がいなかったというだけで、実は熊楠の図譜や太郎の写真の捉え方のほうが、伝える情報量や訴求力は圧倒的に多いはずです。そう考えると、熊楠の粘菌の図譜が残っていないというのは、返す返すも残念だなと思いますね。

唐澤：ええ、まったくその通りです。やはり複写などとは異なり、実物はこちらにとても力強く訴えかけてきますよね。

実は我々が目にするものの中でよく知られたものも、複写であることがあります。例えば、私たちが菅江真澄の直筆だと思っているものの多くは、実は明治時代に入ってから秋田県の庶務課の記録係によって模写・複写されたものだそうです。このことは、アーティストの長坂有希さんから教わりました。[*14] 長坂さんが勉強会で菅江真澄の直筆と記録係による模写を比較して見せてくれたのですが、まったく違っていて驚きました。情報量がまったく違う。同じものでも、やはり描く人、撮る人によって本当に異なるものになってしまうのでしょうね。いずれにしても、熊楠のこの図譜は再現不可能だと思います。

物に触れるということ

石井：以前、僕は岡本太郎のカメラに実際に触れたことがあります。川崎市岡本太郎美術館の準備室で、アルバイトとして写真整理を手伝っていた時期がありました。小学校の教室で一人ぽつん

＊12 鶴見俊輔『限界芸術論』筑摩書房、BankART1929、二〇〇八年参照。
＊13 福住廉『今日の限界芸術』BankART1929、二〇〇八年、一三頁参照。
＊14 長坂有希「菅江真澄をたどるプロジェクト――真澄が描いた「木」、長坂が写す「木」」二〇一九年、NPO法人アーツセンターあきた https://www.artscenter-akita.jp/archives/9147（二〇二四年二月閲覧）参照。

と置かれて、段ボールに入っている封筒を取り出し、中に入っている写真をラベリングして整理するという作業です。すると岡本太郎のカメラが段ボール箱から出てきたので、「うわあ、すごい……」と感動して、思わず撫でまわすように触ってしまいました。作業部屋には誰もいないので（笑）、カメラを手に取ってファインダー越しに教室の中を覗いてみたり、フィルムが入っていないのを確認してシャッターを押してみたりとかしているうちに、カメラを介してまるで岡本太郎が乗り移ったような錯覚に陥り、独りで喜んでいました。

ある時、岡本敏子さんから、「あなた、これに描きなさい。岡本太郎が乗り移るわよ」と言われ、岡本太郎が描いて塗りつぶしたキャンバスを何枚かもらったことがありました。僕も創作をしていましたから、それに本気になって描いたこともありました。

唐澤：そうでしたか。乗り移る、というか、その存在をとてつもなく身近に感じるという経験は、私もあります。南方熊楠顕彰館には、二万五〇〇〇点以上の熊楠の蔵書や資料が所蔵されています。私は、そこに入ると毎回、熊楠の息吹を感じます。もしくは、彼の脳みその中に入っている感じがするんです。事前に「今回はこれとこれを調査しよう」とある程度計画を立てて行くのですが、そこに入るとまったく違うことをしたくなるんです。別の書物とか、日記のページをパラパラと読みたくなってしまう。でも、そうすると思いがけない発見があったりするんです。でも、これが調査の面白いところですよね。ある程度の目的は持ちながらも、ついつい寄り道してしまう。そしてその時に思わぬ発見があるという。第二章でお見せした、熊楠の頭が体から抜け出していく図を私が初めて見たのもそんな時でした。他にも例えば、これは割と最近の話ですが、調査中にたまたま入ったレストランで、オーナーが熊楠のことをよく知っていて、「実は、三十年くらい前に、白浜・紀伊田辺を中心にして「南方熊楠計画」という謎のイベントがあったんですよ」と教えてくれたことがあります。これについて私はまったく知りませんでした。そして、写真家の藤井保さんがその時に撮影したという熊楠の標本の写真集（『熊楠残像』私家版、一九八五年）も見せていただきました。この「実は……」というのがフィールドワークではよくあります。

熊楠の触っていた日記、手垢のついた本というのは、どこか彼の気配を感じてしまいます。それらをペラペラとめくっていると、時々短い毛が挟まっているんですよね。それが紙に張り付いて変色していることがあるんです。どの部分の毛かは定かではありませんが、おそらく熊楠の毛ですよ。そんなのを見ると、本当に熊楠の気配を近くに感じてしまいます。

石井：ああ、なるほど。僕にとっても南青山の岡本太郎記念館は、やはりそういう場所なんです。太郎が日々生活し、作品を生み出していた場所ですから、来館者も皆、何かを感じるみたいですね。来館者が書いて残したノートを見ると、元気をもらったとか、気配を感じたとか、岡本太郎さんがいるというようなことが多く書かれていて、そういう感覚になるようです。

記念館の展示は、開館当初からボランティアの僕と職員一人か二人くらいで、太郎が描いた絵画をアトリエの棚から引っぱり出し、彫刻を移動したりして、ほぼすべての企画展の展示作業をしていました。それを敏子さんが亡くなるまでの七年間くらい続けていましたが、僕にとってはとても幸せな時間でした。誰もいない時に、太郎のアトリエに座り込んで、彼と対話するような時間を持つこともできた。そういう時間があったせいか、『謎解き太陽の塔』を書いている時は、それこそ、本当に岡本太郎が乗り移ったような感覚で書いていた時もありました。

唐澤：やはり実物に触れることが、非常に大事だと思いますね。それは「触《さわ》る」というより「触《ふ》れる」と言ったほうがいいかもしれません。熊楠は、「触知」、つまり、触れて知る感覚を大事にしていました。彼は、その重要性について「タクト」(tact) という言葉を使って述べています。このタクトとは何かというと、一般的には適否を見極める鋭い感覚、美的センス、機転などと訳されていますが、語源的には、ラテン語のタクトゥス (tactus) から派生した言葉です。タクトゥスとは、触覚という意味です。ですから、タクトも本来的には触覚的なものに深く通じるわけです。そして熊楠は「やりあて」るためにはこのタクトが必要だと言うんですよね。触れるというのは、英語ではtouchという言葉の他に、contactという言葉もありますよね。コンタクトというのは、互いに (con) 触れて感じる (tact) ということです。

そのタクトの事例として、熊楠は自分がどんなに酔っ払っていても、うまく標本をつくることができる、と言っています。あるいは、石切り屋はよそ見をしながらでもうまく臼をカットすることができる、それから絵画の師匠というのは、いちいち絵の具を計量しなくても手の感覚でうまく調合できる。そういうことがタクトだというわけです。これらの行為、つまり標本に触れること、石に触れること、絵の具に触れることが熊楠の「やりあて」論には大前提としてあります。端的に、

岡本太郎のアトリエ（岡本太郎記念館内）
画像提供：公益財団法人岡本太郎記念現代芸術振興財団

触覚を重要視していたということです。

熊楠が「やりあて」の事例としてよく挙げるのが、夢による植物の発見です。確かに植物の発見というのは、触覚というよりも視覚的なものではありますが、視覚的に捉えられるまでのプロセス、例えば林をかき分けて荒地を突き抜け、風を感じながら歩く、そして辿りつくという過程は極めて触覚的な事柄です。ですから、植物の発見という事柄に関しても実はタクトがよく発揮されているのです。彼は、亡くなった父親が夢に出てきて植物の在処《ありか》を教えてくれたという話をしています。それも実は視覚的な事柄ではなく、熊楠にとっては触覚的な事柄でした。というのは、先述したように彼は、亡くなったお父さんが夢枕に立った時、その膝に触れると確かに「抵抗力」があったと言っているからです。要するに、「やりあて」に必要なタクトとは触覚的なものであって、そして私は、この触知を考えることが、「やりあて」を真に知る鍵になるのではないかと考えています。

石井さんが岡本太郎のキャンバスに描いたり、彼のカメラを触れたりするというのは、まさにタクトを発揮しているのだろうと思います。そこからインスピレーションのようなものが沸いてくるのではないでしょうか。

石井：「触れる」ことから「気づく」、これは直結していますね。タクトによって文字通り触発される「あっ！」というその気づきが、自分の内面から湧き起こってくる。第一章でも話題に上げましたが、岡本太郎も「触れる」ということについて、石積みと自身の創作を対比して言及しています。他者である素材につくり手が精神を凝縮すると、素材は作者のうちに入り、素材が作者自身になるという『美の呪力』のくだりです。そこでは、作者と素材との融合に「触れる」が関わっているとは言っていないのですが、その話の前段で、石に「触れる」ことについて語っています。

その前段で太郎が取り上げるのが《太陽の塔》の地下に展示された、イヌクシュクという北極圏カナダのイヌイットたちがつくっていた石積みです。太郎はこれを踏み台にして人類の石積み行為について語っているんですが、太郎は、存在としての石と人間の関係性には三つの瞬間《モーメント》があると言います。最初は、石そのものの神聖感があり、「たとえなんでもない一つの石ころでも、凝視すれば言いようのない神秘の存在としてたちあらわれる」[*15]という瞬間です。太郎は、まずは石を凝視するという視覚的なものから対象との触れ合いが始まり、次に石を積み上げるという行為が神聖な呪

岡本太郎『美の呪力』の表紙（新潮社、1971年）

術的行為だと言う。石を積み上げる行為は、石に触れることですが、太郎はこう言っています。

地面にころがっていた石っころも、それを二つ集め、三つ集める。手にふれ、積む。積み上げつつあるとき、そこにある石はもうただの石の塊ではない。人間が自分の手で取り上げ、積む行為によって、冷たい石塊を自分のうちに入れてしまう。合体するのだ。石はそのとき「人間」になるのである。[*16]

僕自身も作品をつくる時、素材と対等な関係になる感覚があります。素材が人間に従属するのではなく、人格者として立ち現れ、それと対話をするような形で融合する。そういう時空間の中でものを創り上げていく、ということを太郎は語っている。つまり、眼と手で触れることで、作者と素材につながりが生まれるということです。だからこそ作品が自立した存在として、自分がつくり出した単なる作品ではない、存在者として作者の前に現前する。こういう感覚が岡本太郎にはあった。

唐澤：そうですね。それは、人間／石という、単純な線引きが取れたような形ですね。そのような次元に入る方法として、触れる、タクトを発揮するというのがある。しかし、何かに触れた時の感覚というのは、かなり言葉にするのが難しいですよね。説明的な言葉で、触れた時の感覚を記述したり述べたりするのは、難しくないですか。日常では、「ぎゅっと持つ」とか「キーボードをたたたっと打つ」とか、擬音語や擬態語で語ったほうが伝わることが多いような気がします。そして、ここには論理的な言語を超える「新しい文法」のようなものが隠されているのではないかという気さえしますね。その意味で私は今、音喩、いわゆるオノマトペには大きな可能性があると考えているところです。学生たちと一緒に粘菌を観察したり、それをモチーフにして何かをつくったりしていると、彼らの彼女からの口からはこのオノマトペが次々と出てきます。「ドッピンドッツン」とか「ナギョー」とか……。それらは、下手な説明より実感がこもっています。そこからは、学生たちの生々しい心の動きが伝わってきて、とても興味深いんです。

石井：オノマトペは面白いですよね。僕のこの対話の中で、よく使っている気がします（笑）。そういえば第二章でも話しましたが、僕がキュレーションした「いのちの交歓――残酷なロマンティスム」という展覧会でも、埃を被ったような状態の資料を収蔵庫から引っぱり出してきて、それを洗ったわけですが、その行為自体が重要だったんだなと思います。思い返すと、なぜか展示品すべてに直接触れなければならないと思っていた。実は触れていたのは展示品だけでなく、それらの物を置く展示ケース、博物館の空間にある壁、柱、床、そのすべてに触れて「よろしくね」っていうことをやっていったんですよ（笑）。

唐澤：すばらしい。

＊15　岡本太郎『美の呪力』新潮社文庫、二〇〇四年、三七頁。
＊16　岡本前傾書。

石井：科学的に言えば何の効果もない無意味な行為ですが、二十四時間休みなく展示に協力してくれるのは、建物をはじめとする人工物たちです。こいつらなしにはこの展覧会は成り立たない。だから、触れながら「よろしくね」と言う挨拶回りを物にするという(笑)。開幕前夜の最後に空間の真ん中で土下座して「明日から開催なのでよろしくお願いします」と、展覧会に関わるすべての人工物にお願いをしたんです。終わった後も、「ありがとう」と触れて回りました。

それが功を奏したのか、僕の感覚では、展示空間や展示物と共振することができた。その震えのようなものを、おそらく来館者たちも肌身に感じて、頭をかきむしったり、祈り始めたりしたんだろうなと、そういうところにつながっているような気がします。ですから、そういう意味では岡本太郎が「芸術は呪術である」と言ったように、僕は無意識のうちにそういうことをやっていたんだなということを、オノマトペとは関係ないですが、今、思い出しました(笑)。

唐澤：触れながら「よろしくね」と言うのがポイントですね。そこに共振が生まれる。触れること、そして触覚というのは、その他の知覚、つまり視覚や聴覚、味覚、嗅覚よりも、ある種、下位に見られることもありますが、実はそれが一番、原初的で根源的なものなんですよね。特に今の時代、実際に手で触れたり、身体で触れたりする経験が非常に減ってきています。特にこのコロナ禍(二〇二〇年当時)においては、どうしても接触を忌避せざるを得ないところがあります。何かに触る、空気に触れるということさえも用心しているような状況ですよね。そういった時代において「触れる」ということをもう一度考えるというのは非常に重要なことだと思います。触れることに敏感になっている時だからこそ、その意味を深く問い確かめる必要があると思うのです。

そもそも地球上で最も原初的な生命体でもある粘菌なんて、触覚だけで生きているようなものですからね。オートミールが好きだったり、あきたこまちが好きだったりするから、ある意味では、味覚的なものもあるかもしれないけれども、粘菌において一番重要なのは触覚です。もちろん粘菌には脳や中枢神経はないので、人間のそれとは完全にイコールではありませんよ。ここで言っているのは、純粋に触れて対象の形状や性状を知る能力としての触覚のことです。粘菌というのは、最初に触れることありきです。「我触れるゆえに我あり」。粘菌に人間のような「我」はないでしょうが、それでもまず粘菌は触れることで世界を形成している。触覚を通じて生命を営んでいると言ってもいい。ちなみにジャック・デリダは「触覚がなければ世界は存在しない」[*17]とさえ言っています。

要するに、触知することに特化した超鋭敏な触覚生物が粘菌なのだと思います。そういった粘菌を、触覚そしてタクトを重視していた熊楠が研究していたというのがまた面白いですね。

石井：一般的によく言われることですけれど、日本人は、触れる、触れ合うということを極力避ける傾向にありますよね。挨拶は会釈で行い、握手はしても、ハグはあまりしない。ただ、触れないということは、その裏返しとして、触れるということが何か大きな影響を生むと感じているわけで

＊17　ジャック・デリダ『触覚、ジャン・リュック・ナンシーに触れる』（松葉祥一、榊原達哉、角國尚志訳）、青土社、二〇〇六年、二六九頁。

すから、極力触れることを避けてきたとも言える。触れない文化になるには、おそらく欧米とは異なる歴史的な経緯があったのだろうと思います。

そういえば、神道でも他者に触れない。面白いのは、日本人の神とのコミュニケーションをとる方法が音や声である点です。自分の手のひらを合わせて柏手《かしわで》を打つことによって、音を鳴らして神様に自分の存在や願いや感謝を伝えたり、警蹕《けいひつ》と言って、神職が「おおーーーー」と長く低い声を鳴らしたりする。これは神の降臨に先立つ先払いの意味があるようですが、人に触れずに声で人々に注意を発する。大麻《おおぬさ》を使ってお祓いをするのも、道具を介して間接的に触れる行為です。直接的なタッチを避けている。なぜタッチすることを避けているのか、というところに、もしかしたら私たちの文化の根本の問題があるかもしれない。

唐澤：触れることは直接的に呪力を行使することにつながる。実は触れるというのは、普段考えている以上に神聖な行為ですね。そして私たちは、頭ではない部分で、常に既にそのことに気づいているはずです。石井さんがおっしゃるように、私たちの日常の行為を振り返ってみると、逆説的にそのことがわかるわけですね。

第四章　性と政治

――体制と伝統に対決する南方熊楠と岡本太郎

ミューズとしての母・かの子の面影

——南方熊楠と羽山兄弟の関係、あるいは性、特に両性具有に関する民話や神話を収集するなど、熊楠と性というのは、しばしば言及されてきた対象だったと思います。また岡本太郎が影響を受けたジョルジュ・バタイユ自身も『エロティシズム』や『エロティシズムの歴史』といった作品を書いているように、エロスやセクシュアリティというものを重視していたわけですね。岡本太郎の場合、作品にそこまでエロティックなものが反映されていたのかどうかは、よくわからないところですが、南方熊楠、岡本太郎はそれぞれ、セクシュアリティの問題をどう考えていたのか。

また、もう一つ、これは政治的な主題になると思いますが、南方熊楠は明治の終わり頃から体制下で進められた神社合祀政策に対して、反対運動を展開しました。他方、岡本太郎も「伝統との対決」というように、ある種の体制に対して反抗する姿勢を見せていたように思います。彼らの政治信条というのは、それぞれ明示的には書いたり、発言したりはしていないと思いますが、その行動から見て、どのように考えられるでしょうか。

本章ではこの性と政治というテーマで、お話を伺えればと思いますが、まずは性、セクシュアリティの問題について、いかがでしょう。

石井：芸術と性を考える時、作家のインスピレーションの源泉となるような、ミューズ的な存在との関係性が一つあると思います。ただ、岡本太郎の場合、サルバトール・ダリとガラ・エリュアールのような芸術家によくありがちな男女関係を想像してしまうと、かなり違うような気がします。太郎の場合、彼のミューズは誰かというと、あえて言うのであれば、第二章でも話しましたが、母親の岡本かの子だったのではないかと思います。これは、僕がなんとなくそう思う程度のことですけれど。もちろん、太郎のパートナーである岡本敏子がいなければ、現在のような岡本太郎の評価はなかったでしょうし、彼女が秘書としてパートナーとしてずっと太郎のことを支えていたことは確かです。敏子さんに直接聞いたことはないのですが、二人は結婚ではなく養子縁組をしています。太郎自身は結婚という「小市民的な形式主義」を「人間の可能性をつぶしあう」[*1]誤魔化しだと嫌悪していました。

そもそも岡本家は、両親の一平とかの子がともにスターであり、それだけでも一般的な家庭とは

＊1　岡本太郎『自分の中に毒をもて――あなたは、〝常識人間〟を捨てられるか』青春文庫、一九九三年、一四五頁。

異なる特殊な家庭環境です。一平の公認でかの子が愛人を家族と一緒に住まわせてもいたということも、一般常識からすると、かなり複雑な環境です。そうした僕らから見れば特殊な環境で育ったことで醸成される、岡本太郎の恋愛観や結婚観というのは、私たちの常識では捉えきれない。フランス仕込みの自由恋愛と片づけてしまえば簡単なのかもしれませんが、太郎は結婚という枠組みにまったくこだわらず、それでいて女性を物扱いするようなことはない。

瀬戸内寂聴さんがどこかでおっしゃっていたように記憶していますが、岡本太郎が晩年に絵画の制作をしていると、敏子さんが「先生、そこ黄色」と言えば、その通りに塗ったそうです。晩年の太郎の制作は、文筆活動と同様に、二人の共同作業になっていた。だから彼女がミューズだと言えなくもないのですが、そう単純な話でもないように思います。

敏子さんの後を継いだ岡本太郎記念館の平野暁臣館長が、『愛する言葉』（イースト・プレス、二〇〇六年）という太郎と敏子が語っていた言葉を抜き出してまとめた本が出版されています。それを読むと、二人の恋愛に関する考え方が、かなり特殊ではあるけれども、ある程度わかるように思います。とはいえ、二人の関係性はなかなかひとことでは言い表せないですね。この本の帯で女優の宮沢りえさんが「透明な愛」と表現されていますけれど。

一方、母・かの子から息子へ向けられた過剰すぎる母性愛が大きく影響していることは確かだろうと思います。第二章でも話した通り、それは母親からの一方的なものではなく双方向のもので、母子の精神的な結びつきは非常に深くて強い。けれど、いわゆるマザコンとはまったく異質です。太郎が母の魂を武蔵野の一郭の精霊、「地母神」の生まれかわりと表現するくらい、かの子の愛情は、太郎にとってはそれだけの深さと広さを持っていた。その地母神のような愛に包まれていた太郎が、かの子が亡くなったことを父親からの電報で知った時、その喪失感は想像を絶します。*2

晩年、一平がかの子を観音様と信仰していたことからもわかるように、岡本家の男たちにとって、かの子は母性を超越した存在で、夫と息子にとっては本当に大きな存在だった。作家としての岡本かの子の芸術を確立するために、一平は超絶売れっ子だったにもかかわらず一線から退き、かの子を表舞台に立たせようと黒子に徹し始める。一平がニヒリスティックな生き方を変える前、幼い太郎は母親を精神的に支え、まだ何者でもない学生の時分も、どこか母親のためにずっと生きているという感じが、太郎にはあります。

だから、かの子が他界し、太郎がその多摩川の精霊地母神の死を受け入れた時から、母親の芸術を一身に引き受け、母が望んだ「芸術」を日本という場所で実現するという方向へ動いていった。とはいえ、その後は、かの子が目指した芸術と自分が目指す芸術を、別ものとして分ける発言もしています。

唐澤:愛というのはなかなか難しいものですね。お話を聞いていて、太郎の中で愛が複雑に渦巻いているのを感じました。ふつう、愛するということは、誰かしらもしくは何かしらの対象があるわ

---

*2　岡本太郎『リリカルな自画像』みすず書房、二〇〇一年、一一〇頁。

けですが、それらへ向かうことは単なる能動的なものではないですよね。向こうから愛することを促されるような受動的な面もある。いや、そんな能動／受動の区別や壁を超越したものが「愛」なんだと思います。その意味では極めて「透明」ですね。母性愛というのは、私の考えでは、双方向性すらないと思います。仏教では、誰かをあるいは何かを渇望するのは煩悩によるもので執着心の現れでもあります。もっと無償のもの、いわば慈悲こそが母性愛の本質ではないかと思います。また、昔は「愛し」と書いて「かなし」と読むことがありました。つまり、相手の持つ悲しみをわかってそれを超越的に包み込むものこそが「愛」。

ちなみに太郎が岡本敏子さんに母・かの子の姿を見ていたということはないのでしょうか。

石井：敏子さんから聞いた話では、太郎は、外ではかなり過激で攻撃的な言動をするので反撃されるわけです。ところが非常にセンシティブな人で、傷ついて帰ってくると、彼女のお腹で泣いていたそうで、かなり敏子さんに甘えていたところはあったようです。

自分の片割れとしての羽山兄弟

石井：ですから、岡本太郎におけるセクシュアリティについて、熊楠と羽山兄弟との関係性と比較して語るのはなかなか難しいですね。

唐澤：そうかもそれません。また、本来的な「愛」を前提としたセクシュアリティについて両者を比較して語るのはとても難しいですね。あえて言うなら熊楠は、羽山兄弟に対していわゆる母性的なものを感じたかというと、そうではなかったということです。いわゆるグレートマザーのようなものではなく、彼は、羽山兄弟を自分の半身とみなしていたと思いますね。それは、太郎が敏子さんに対して甘える感じや、かの子に対する崇敬にも近い念などとはまた違うものです。

熊楠の日記には、羽山兄弟の兄・繁太郎によるサインが記されています。「Mr. MINAKATA is my intimate friend. S. H」[*3]とあります。「S. H」とは羽山繁太郎のイニシャルですね。二人はintimate friend、要するにbest friendよりももっと深い、肉体関係を匂わすような親密な仲でした。

道成寺という和歌山最古のお寺があります。安珍と清姫の物語で有名なお寺です。熊楠と繁太郎は、この叶わぬ恋と嫉妬の伝説が残るお寺の瓦を二つに分割して、割符のようにお互いに持つということもしています。つまり、それらを合わせた時に初めて一枚の瓦になる。一方が満たされるためには、もう片方が必要になります。彼らは、二人にして一人ということを象徴的に「実践」しているわけです。

結局、羽山兄弟は早くに亡くなりますが、熊楠はその後も彼らの姿をさまざまな人々に投影しています。では、兄・繁太郎、弟・蕃次郎のどちらが熊楠の「本命」だったかというと、私は兄では

＊3　南方熊楠「一八八六年四月二十九日付日記」『南方熊楠日記』一巻（長谷川興蔵編）、八坂書房、一九八七年、七〇頁。

ないかと考えています。けれども、熊楠が羽山兄弟に言及する時は大抵、二人合わせて語っていますね。

イギリス滞在中、熊楠は、パブのバーメイドに繁太郎の面影を映していました。日記では、わざわざそこの別嬪に会いに行くというようなことも書いています。日本に帰国してからは、彼は、井《い》澗満《たにみつる》という熊楠邸の敷地にある借家に住んでいた少年に、夭折した繁太郎が転生したという夢を見て、その子を大変かわいがったりしていますね。

熊楠（右）と羽山繁太郎（左）（1886 年）
南方熊楠顕彰館（田辺市）所蔵

このように、ずっと自分の片割れを投影するということを熊楠はやっているわけです。そもそも人間はそういう生き物だとは思いますが、この投影具合が、熊楠においてはとてもはっきりしています。ある意味、彼はとても大きな煩悩を持っていたとも言えますね。晩年になるまで、羽山兄弟との性的な夢を見たりもしています。私は、もし羽山兄弟が長生きして熊楠とずっと親交があったら、熊楠は私たちの知っている「南方熊楠」にはなれなかったとさえ思います。彼は自分の半身、片割れを永遠に喪失し、ずっと満たされない状態だったからこそ、とんでもないエネルギーを発揮することができたとも言えると思うのです。つまり熊楠は、その片割れの代わりとなるものをなんとか見つけ出し、自分の心を満たすかのようにさまざまなものを集めていったわけです。鬼神のような彼の収集・採集行為というのは、羽山兄弟が亡くなったことによって、ある種、発動されたのではないかとさえ思います。そういった意味で、太郎の母・かの子に対する関係と熊楠の羽山兄弟に対する関係とは、スタンスが違うような気がしますね。

石井：そうですね。かなり違いますね。ただ、「片割れ」ということで言えば、戦友となった縄文土器が自身の「片割れ」であったように、太郎にとってのミューズは、目には見えないもう一つの太郎自身だったのかもしれません。

ところで、熊楠と羽山兄弟との関係性は、熊楠の日記が出てきてからわかったのですか。それとも既に知られた事実だったのでしょうか。

唐澤：羽山兄弟との intimate な関係や性的な夢などの多くは熊楠個人の日記に書かれていたものなので、詳しく調べられるようになったのは、彼の没後、特に『日記』[*4]刊行後でしょうね。羽山兄弟といいろいろと親交があったという事柄に関しては、書簡とか論考にも書かれているので、熊楠存命

＊4　南方熊楠『南方熊楠日記』一巻～四巻（長谷川興蔵編）、八坂書房、一九八七―八九年。

中もそれなりに知られてはいたのではないでしょうか。

石井：太郎の場合は、パリ時代や戦前は日記をつけてはいたようですが、空襲で焼けてしまっています。その後も彼が日記をつけていたかどうか……。ただ、敏子さんは業務日誌とは別に日記をつけていたはずです。それはまだ世に出されてないし、おそらくほとんど研究対象にもなっていない。というより、そもそも岡本太郎を研究する人がほとんどいない（苦笑）。そういう意味では、太郎のほうはまだ資料が出揃っていないですね。

唐澤：熊楠の日記や蔵書、雑誌などの多くは、戦禍を逃れ、その後も奥さんの松枝や娘の文枝さんたちが大事に守ってくれました。もちろんなくなったものもあるでしょうが、多くの資料が散逸せずに残っていますね。そしてこれらの残された資料のうち、熊楠の性に関する姿勢を知る上で、第一章でも話した「ロンドン抜書」は、非常に重要なものです。熊楠はそこに性科学（セクソロジー）に関する内容を大変多く筆写しています。彼がロンドンにいた頃、いわゆるヴィクトリア時代は、特に社会における男色に対する厳しい視線があったようです。例えば、オスカー・ワイルド事件はよく知られていますね。有名な文筆家のワイルドが、男色行為を咎められて逮捕、有罪となった事件です。熊楠にとってこの事件は、きっと強く思うところがあったはずです。また松居竜五先生は、「ロンドン抜書」における熊楠のセクソロジーに関する文献の筆写は、人間の文化における禁忌、タブーの問題と結びついているとも述べています。[*5]

人間文化におけるタブーは多々ありますが、その中でも性にまつわるものは、なかなか扱いが難しいですよね。熊楠と柳田國男が同じ民俗学を志しながら、結局袂を分かったのも、この性に関する事柄が大きな原因でした。柳田は自身の主催する『郷土研究』という雑誌に、あまり性的で卑猥な記事を載せたくなかったのですが、熊楠はそれに対して、「卑猥なことを全く除外しては、議論は奥深いものにならない」[*6]と反論したのです。つまり熊楠は、人間、いや生命を知る上で、性の話題をただ卑猥なものとして避けることは絶対にできないと思っていたのでしょうね。あと、これは今まであまり指摘されてこなかったのですが、熊楠はこの後に「英国はこういう性的な話題を慎み過ぎたがために、学問において他国に追い抜かれてしまっていることが多い」[*7]とも述べています。ここには、性の問題を真正面から取り扱うことが学問の発展にとっても重要なのだという熊楠の信念が見られます。

南方熊楠と神社合祀反対運動

――それでは体制や伝統との対決についてはどのようにお考えになりますか。南方熊楠や岡

＊5　松居竜五『南方熊楠――複眼の学問構想』慶應義塾大学出版会、二〇一六年、三二四―三二五頁参照。
＊6　南方熊楠「一九一四年五月十四日付柳田國男宛書簡」『柳田国男 南方熊楠 往復書簡集』（飯倉照平編）平凡社、一九七六年、三八四頁。
＊7　同前書、三八四頁参照。

本太郎の政治的態度というものは、果たしてどのようなものだったのでしょう。

唐澤：熊楠の場合、その人生で、やはり神社合祀反対運動が最も大きい政治的活動ですね。彼は、近代日本という国家体制が打ち出した政策に反対運動を行いました。ただ、熊楠がそれ以外にも政府のあらゆる政策に噛みついていたかというと、そういうわけではありません。神社合祀反対運動に関しては命をかけて行いましたが、それ以外の社会的政治的問題について常に目を光らせていたかどうか……、というところではあります。また、その反対運動に関しては、かなり個人的な動機に依っています。最初から「世のため人のため」とか、そういうものではなかった。神社合祀によって自身の大事なフィールドである鎮守の森が破壊されてしまうことが、熊楠にとっては最大の問題だったのです。自分の分身でもある楠も伐られてしまうわけですし、粘菌が棲息している朽木なんかも片付けられてしまう。そのことに対して、熊楠は怒ったのです。植物や生物が傷つけられる、殺されるというのは、自分が傷つけられる、殺されることと同義だったんですね。まずもって彼にはそのような強く鋭い感受性がありました。

つまり、神社合祀反対運動とは、自分自身を守るための戦い、実存を賭けた戦いだったと言えます。それが彼の本質的な運動のあり方だったのだろうと思います。結局、今の政治もそうですが、世のため人のためという建前でやるような運動は、長く続かないし、まわりを強く巻き込むことはできませんよね。もっと自分の中の深いところから湧き上がってくるような衝動によって運動を起こすというのが、「持続」と「巻き込み」においてはとても重要だと思います。これは、一見自分勝手な事柄と思われるかもしれませんが、そうではありません。彼が自分自身を深く認識し、そこに動植物あるいは菌類、粘菌などとのつながりを感得していたからこそできたものです。その感覚をふつうは、なかなか立ち上がらせることができません。社会通念や「常識」が邪魔をするんですよ。ただ、熊楠の場合、その感覚をあまりにも直接的に前面に出し過ぎたものだから、時に社会的に違反行為にあたることもしてしまいます。彼は、神社合祀推進派の官僚による演説会に突然一人で乗り込んだ挙句大暴れするという事件を起こし、十八日間入監しているんです。この時、彼は酒を飲み酔っぱらっていました。大英博物館での騒動もそうですが、熊楠のこのような暴力的な面は非常に良くない。

熊楠による神社合祀反対運動は、政治的あるいは計画的に行われた社会運動であったと言われることもあります。しかし、私は必ずしもそうは思いません。熊楠は、政治的あるいは計画的に、緻密な「計算」の下動くような人間ではなかったからです。もし彼が、そのような人間であったならば、こんな事件は絶対に起さなかったはずです。官僚出身の柳田國男からも「あなたの反対運動の方法は全くダメだ」と言われています。「志は美しいが策が稚拙」[*8]だとも。

＊8　柳田國男「一九一一年十一月二十三日付南方熊楠宛書簡」『柳田國男 南方熊楠 往復書簡集』（飯倉照平編）平凡社、一九七六年、二二一頁。

熊楠はこの運動で、エルンスト・ヘッケルが造語した「エコロジー」という言葉を使っています。熊楠は専ら「エコロギー」と言います。この言葉で熊楠の頭にあったのは、植物と動物、植物と無機物との複雑に絡み合う関係を捉える学問です。個々はすべて全体的影響関係にある。だからどれ一つとっても、それを深く探求すればそこには全体が含まれている。彼は、「わが国特有の天然風景はわが国の曼陀羅ならん」[*9]とか「森羅万象すなわち曼陀羅なり」[*10]とか言っていますが、彼が曼陀羅に重ね合わせて抱いていた自然観は、動植物や菌類が互いに反映し合う関係です。すべてが複雑に折り重なっている関係性。そして一つの変化がすべてに影響を及ぼすあり方。この重々無尽に交渉し合うイメージは、まさに「南方マンダラ」そのものです。そして、このイメージは、粘菌にも通じます。事実彼は、粘菌ほど「一体ながら多体、箇体より全体の成るもの」[*11]はないと言っています。「南方マンダラ」と粘菌は、確実に同型性がありますね。視覚的にも粘菌の変形体と「南方マンダラ」は似ていますよね。私自身ここ数年、顕微鏡で実際に粘菌を見るようになってから、そのことをますます実感しています。

また、彼は「エコロギー」を時に「植物棲態学」と訳すことがあるのですが、これもなかなか面白いですよね。生態ではなく棲態です。棲み分けの「棲」。つまり各々が棲み分けながらも全体的に連関して生きている状態（モード）こそが重要なわけです。

熊楠が亡くなるのは一九四一年です。それまでに日本は、日清戦争・日露戦争を経験し、そしてこの年に太平洋戦争へ入っていくわけですが、彼は、そうした日本の戦争については多くを語っていません。当時であれば、戦争について何か語るということが、近代日本の国家体制に対する意見の表明ということになるでしょうが、管見の限りでは、そういったものはかなり少ないです。

岡本太郎の反文明論

石井：岡本太郎のポリティックスについても、セクシュアリティと同様にこれだと言えるかは難しいところですが、まずパリ時代には第二次世界大戦が差し迫る最中、ジョルジュ・バタイユらのコントル・アタックという政治的な運動や、社会無血革命を目指す有志の秘密結社にも太郎は参画していた時期もありましたから、その影響は大きいと思います。しかし、フランスを占領したドイツと日本は、太郎が帰国した数カ月後に軍事同盟を締結するので、日本人である太郎は、自分が置かれた立場に矛盾を感じていたはずです。

また、日本に帰国後、パリ時代のような体制に抵抗する運動を展開する間もなく、中国へ出征することになる。第一章で話した「四番目主義」のように、軍隊内の理不尽な暴力に対し、自らすべ

＊9　南方熊楠「一九一二年二月九日付白井光太郎宛書簡」『南方熊楠全集』七巻（岩村忍、入矢義高、岡本清造監修）平凡社、一九七三年、五五九頁。
＊10　南方熊楠「一九〇四年三月二十四日付土宜法龍宛書簡」『往復書簡』四〇三頁。
＊11　南方熊楠「一九〇二年四月十八日付土宜法龍宛書簡」『高山寺書簡』、二九三頁。

ての責任を背負い、皆の代わりに殴られるというようなスタンスは、熊楠と似ているかもしれませんが、自身の内的な純潔を保つという個人的な動機による抵抗です。とはいえ、卑しい態度をとる教師や大人たちに対する同じような抵抗を子供の頃から貫いているので、抑圧的な環境下で太郎がとる抵抗はずっと変わらないとも言えます。

戦後、「夜の会」を結成した翌年あたりに、花田清輝などのメンバーの何人かが共産党に与していたので、一時は太郎も共産党員と疑われ、GHQに睨まれていた時期もあったそうです。実際に共産党員だったという事実はないのですが、それが原因でアメリカでの個展ができなくなったこともありました。

さまざまな組織や団体に頼まれれば、太郎はあまり深く考えずに加わっていたようで、岡本太郎記念館で何かの整理をしていた時、さまざまな組織の肩書が書かれた名刺が、ケースを一度も開けた形跡のない状態で段ボール箱から山のように出てきたのを見たことがあります（笑）。それらを一つひとつ確認したわけではないのでわかりませんが、気軽に入った組織の中に政治活動をしていた団体もあったのかもしれず、いろいろと疑われることもあったのでしょうけれども、本人がどこかの政党に入れ込んだかというと、まったくそうではないという（笑）。呑み友達に大物自民党議員たちがいたようですが、それもその程度の関係ですね。

ですから、一九七〇年万博でのアンチの態度も、政治的な理由から体制に反抗したというよりも、太郎さんは天邪鬼だからと周囲には思われていたし、テーマ・プロデューサー就任について周囲が揃って反対するから引き受けたとも本人は言っているので、そういう面も多少はあったのでしょう。

例えば、建築家の丹下健三とは東京都庁などの仕事をともにしていたので仲は良いけれど、自分が万博のテーマプロデューサーになり、お祭り広場に建設予定の丹下さんが設計した大屋根を見た瞬間、「あれをぶち抜く塔を建てるぞ」という発想になった。これは太郎の対極主義的な発想で一貫してはいるのだけれど、天邪鬼的な気質がそういうアンチの発想をもたらしている面も多少はあるのかなと思います。

あるいは、「ベトナムに平和を！市民連合」（ベ平連）がベトナム戦争への反戦広告をアメリカのワシントンポストに出した時、太郎はベ平連のメンバーではないけれど、もともと主要メンバーたちと交流があり、彼らに頼まれ協力する形で、「殺すな」という文字を漢字で書き、それが広告に使われました。「反戦」ではなく、「殺すな」です。けれど、ベ平連と活動をともにしたかというと、そういうこともしていない。

では、岡本太郎の政治的態度はどういうものなのかというと、そもそも政治の力には何も期待していないのだと思います。官僚制や人間中心主義を嫌っていましたし、太郎が信頼しているのは人間や宇宙の根源に触れえる芸術の力であって、彼の戦友足りえるのは、縄文土器や沖縄や東北の文化であったりするわけですから。

太郎は、とにかく現代社会の日本人のあり方はおかしいと考えていた。高度経済成長によって産業化と分業化が進み、物質的には豊かになったけれども、それと引きかえに人間は疎外され、生きがいを失い、組織の歯車としていくらでも代替がきく機械のパーツのような存在になり果ててしまった。学問や芸術も細分化の果てに蛸壺化していき、派閥や縄張り争いに明け暮れている。政治もまた然り。

それは人間本来のあり方とはかけ離れたものだという意識が、岡本太郎にはあった。だから、芸術も学問も人生も、くだらない垣根や仕切りを取りはらい、もともとは森羅万象とともにあった本来の人間のあり方、生き方を奪還しなくてはならないと考えたところに、岡本太郎の活動があったのだと思います。

国家の枠組みに収まらない南方熊楠と岡本太郎

石井：岡本太郎は、国家を端から相手にしていないところがあった。「日本」という言葉も、今ここの場所を示すだけの意味のない符合、表札にすぎないという考え方です。「日本」と呼ばれる場所に生きる人々の生活や、人々の「その喜怒哀楽のすべて、生きる意味」、生きがいについて問うのが文化論だと言っているので[*12]、そもそも国家という枠組みを問題にしていない。

また、バタイユたちと共有していた無痛革命というものも、政治的な運動を通じて国家を転覆する、というようなイメージとはまったく異なります。人間の根源にあるもの、人間の生きる尊厳を奪還するためには、どうにもならない社会に、あたかもがん細胞のように染み入って、人々の精神の根底から覆さねばならないという発想で、それが彼らの革命のやり方だった。

その延長線上で、太郎は、生きがいを失い、本来あるべき人間の姿を見失ってしまった人々を啓蒙し、芸術の力によって無意識のレベルから社会を変えていこうと考えていたんでしょうね。だから普通の社会人と同じスーツを着て社会に紛れ込み、テレビに出たりしていたのだろうと思います。

唐澤：熊楠もまた国家という枠組みそれ自体については、端から相手にしていなかったように思います。熊楠のスタンスは、言うなれば、哲学者ディオゲネスの「世界市民」的です。熊楠は三十代以降、和歌山県田辺市というところに住んでいましたが、「日本人である」とか「和歌山県人である」「田辺町民である」という意識よりも、まず「人間」という意識のほうが強く出ていました。自身が東洋人であるということは深く認識していましたが。それよりも何よりも、やはり「人間・南方熊楠」ということのほうが、彼にとっては大きいことだったのではないかという気がします。いや、一生物としての南方熊楠と言ったほうがいいですね。若い頃に世界各地を渡り歩いてきたということも、日本人という限定されたアイデンティティには回収されない視野の広さを手に入れることに寄与したはずです。そういう意味では、彼にとっては、アメリカもイギリスも田辺も「身近」なものだったのではないかという気さえします。

＊12　岡本太郎・泉靖一『日本列島文化論――日本人は爆発しなければならない』大光社、一九七〇、一三一―一四頁。

神社合祀反対運動の際に、熊楠は海外の知識人に訴えかけ、海外から日本の政府に働きかけるような運動を展開していますが、そういうところに熊楠の国際感覚の高さが見られますね。彼の海外とのつながり方は、当時の日本人一般とはまるで違っていたのだろうと思います。

個人的な意見ですが、「国際」というのは、「際《きわ》」が大事だと思います。国の際に立って考えること。目には見えないこの境界領域に立脚するという感覚が、熊楠には優れてあったと感じています。そうすることで初めて国という枠組み自体を超えることができる。

石井：そうですね。エッジに立つと視野がひらかれますね。先ほども言いましたが、岡本太郎の政治的な活動を探してみても、それらしいものはほとんどない。唯一やっていたとすれば、国立民族学博物館設立のためのロビー活動くらいでしょうか。政治的態度もわかりやすいレッテルを貼れるようなものではなく、つき合いも右も左も関係ないので、節操がないと言えばそうかもしれませんが、政治的なイデオロギーや党派的なこだわりはなかったのだろうと思います。

これは、セクシュアリティの話にも共通することで、男女や年齢、国や民族の差などは度外視していて、フラットに捉えているところがありますね。そもそも岡本家の親子関係が、親だからとか子供だからとか、そういう決まりきった関係性ではまったくなかった。そういう家庭環境だったからこそ、人間としてわけへだてなく全人的なつき合いができたのでしょうね。

唐澤：太郎同様、わけへだてのない人間、あるいは垣根のない人間というのは、熊楠にも言えます。その点は本当によく似ていますね。熊楠の神社合祀反対運動は、周囲の人たちが徐々に協力してくれたことで、「運動」と呼べるようなものになりました。それは、彼が権威的ではなくフラットにあるいは全人的に他の人たちとつき合ってきた結果だとも言えます。とはいえ、熊楠自身は社会のための運動という意識をどれほどまで本心として持っていたか……。先ほど言ったように、それは自分と他の動植物との緊密な関係を無理やり切断されることに対する怒りの行動だったわけですが、私には、逆にそれをまわりの人たちによってあるいは近代社会制度によって——熊楠がそれを望んでいたかいなかったかは置いておくとしても——「運動」という枠にはめられてしまったようにも感じられます。

石井：熊楠とは違い、戦後の岡本太郎は前衛芸術におけるアジテーターの役割を意識的に引き受け、「運動」を起こしていたところがあります。「絵画の石器時代は終わった」[*13]などと新聞で宣言していましたし、最初は二科会に入って、内部から凝り固まった日本画壇を変えようと動いてもいる。若手と一緒になって変革しようと動くのですが、まったく変わらないためにやめてしまって（笑）、その後、意気投合した花田清輝と一緒に新たな芸術運動を始めていく。太郎はフランス語は堪能だし、その気になれば海外に拠点を移すこともできたんですが、あえて日本に留まり、椹木野衣さんの言葉を借りれば、日本という「悪い場所」をなんとか変えていこうとしました。

太郎もフランスに戻れば、あるいはアメリカやメキシコに渡れば、太郎の海外の友人たちのよう

＊13　岡本太郎「絵画の価値転換」読売新聞一九四七年八月二十五日。

に、世界的な巨匠として祭り上げられる芸術家になっていただろうと思います。しかし、彼はそうしなかった。実際、国外からの誘いはあったけれども、すべて断っています。出る杭は打たれ、妬み嫉みで足を引っぱられる、どうにもならない泥沼のような日本であるからこそ、生きがいを感じていたようです。あえて泥をかぶり、挑発的言動をくり返し、その反撃を受けながらも自分が信じる「芸術」を貫いた。太郎にあったのは、いわゆる「愛国心」ではなく、ただひたすらに日本という名の場所を愛していただけ。そう考えると、地母神であるかの子が、志半ばで果ててしまったこの地を離れがたかったのかもしれません。

あるいは、子供の頃から大人の卑しさに反発し、日本の軍隊の卑しさも内部から見ていたけれど、フランスにいた頃から、日本という場所の可能性も見ていたのでしょうし、そのわずかな可能性に、彼は自分の存在のすべてを賭けた。けれども、ことごとく裏切られ、肩透かしをくらう。それでも諦めずに日本という悪い場所を信じ続けるのだけれど、さすがの太郎も傷つくことが多くて、敏子のお腹でしくしくと泣いていたのかもしれない。

スケールフリーの宇宙と思想

石井：対人においても、対場所においても、なんの垣根もない人間・岡本太郎にとって、たまたま生まれ育っただけの日本という場所を愛したけれど、同時に別にどこが中心地であってもいいという感覚を持っていました。自分がいるところが世界の中心であるという感覚です。ですから、芸術の都もパリだけはなくて、東京であってもいいし、和歌山であってもいい。どこであろうと自分がいるところが中心で、その場所に生き、その場所でしかできない芸術を発信していくことで世界が変わっていく、と太郎は信じていたのだと思います。

ベストセラーになった『今日の芸術』のような芸術の啓蒙書を意識的に書いたのも、これによって日本人が「日本人」という枠組みを超えて、さまざまな場所で個として奮い立ってくれるのではないか、そうした個々人があちらこちらで現状を変えていこうと動き出してくれるのではないかという、大衆に対する期待感と信頼があったのでしょう。しかし、それはずっと裏切られ続けてしまう。けれども、岡本太郎は何度裏切られても、おそらく終生信じ続けた。それができたのは、たとえ世界が変わらなくとも、挑み続けることで自分は変わることは確実だからでしょうね。

唐澤：中心地がいろんなところに変わっていく、移動する、というのはすごく興味深いですね。そのことに関連するのですが、社会学者の鶴見和子さんは、「萃点《すいてん》移動」[*14]という概念を打ち出しています。萃点というのは、熊楠が「南方マンダラ」の説明で使用した語です。それぞれの関係は複雑に絡み合っており、その最も密接錯雑するポイントが萃点です。それは、各人で異なるものです。

＊14 鶴居和子『南方熊楠・萃点の思想——未来のパラダイム転換に向けて』藤原書店、二〇〇一年、一五三頁。

またそれは、絶対的なものではなく、常に移動し続けるし、一つではない。結局自分が今立っている場所なのですね。そして鶴見さんは、この萃点を解きほぐすことが重要だと述べています。しかし、私は、そのポイントを解きほぐす、つまり解体していくのではなく、そこで起きている「何か」に飛び込んでそのまま追求・探求していく姿勢が大事だと考えています。つまり「どこ一つとりても、それを敷衍《ふえん》追求*[15]」すれば、見えてくるものがあるということです。

あと今、石井さんから「期待感と信頼」というお話がありましたが、他者を信じるということはとても大事ですね。そして同時に自分も信じること。熊楠は、自分自身を強く信じていました。厳密には、彼は「信じる力」というものを、頑なまでに信頼していました。それが端的に表れるのは、「信ほど人間の言行に関係あることなし*[16]」という彼の言葉です。要するに熊楠は信じることが、すべての行動の源だと考えていました。これは、「やりあて」にも深く関わることです。ある事柄がうまくいく、うまく一致すると信じるからこそ、それが生じるということです。ユングも、そういういわゆるシンクロニシティに関して、「信じること」、あるいは「熱中すること」そして「積極的に期待を持つこと」を重要なファクターとして考えていました。*[17] 熊楠は自分の力を信じていたし、周囲の人たちからの力の影響も同じように信じていたと思うのです。私は、そういう複雑な絡まり合いの中で、恐らくシンクロニシティというものは生じるのだと思っていますし、熊楠もそう考えていたのではないでしょうか。

石井：唐澤さんのお話を聞いていて、太郎の「一匹の蟻」というエッセイを思い出しました。「この宇宙の中で、私の存在は一匹の蟻にすぎない。／だが、この蟻が傷ついて、胸から血がほとばしり出るのを見るとき、自分の死とともにこの大宇宙が崩れ去ると考える。――崩れさせなければならないのだ[*18]」と太郎は言うんですね。つまり、一匹の蟻のようなミクロな人間でも、大宇宙を背負って生きているということを自覚せよ、と。

人間は一人ひとり宇宙を背負っている。太郎にとって、宇宙とは「断ち切られたもう一つの自分」ですから、宇宙と自分は対称なんです。そういう感覚を太郎は持っている。きっと熊楠もそうなのだろうと思いますが、あらゆる対象を、もう一人の自分、つまり「片割れ」として捉えながら、そこにつながろうとしている。それが太郎の「爆発」です。宇宙との合一ということです。スケールが大きすぎるといえば、大きすぎる。

唐澤：熊楠もミクロな粘菌の世界に大宇宙を見ていたわけですからね。粘菌も宇宙を背負っているというように考えてもいい。

＊15　南方熊楠「一九〇三年七月十八日付土宜法龍宛書簡」『往復書簡』三〇八頁。
＊16　土宜法龍「一八九三年十二月二十四日付土宜法龍宛書簡」『往復書簡』六六頁。
＊17　C・G・ユング、W・パウリ『自然現象と心の構造――非因果的連関の原理』（河合隼雄、村上陽一郎訳）海鳴社、一九七六年、二三頁参照。
＊18　岡本太郎『今日をひらく――太陽との対話』講談社、一九六七年、一頁。

――南方熊楠も岡本太郎も、ある種、対称性というものを考える人たちというのは、お話を伺っていると非常にスケールフリーというか、さまざまなスケールを自在に行ったり来たりしている感じがしますね。

唐澤：ここまで話してきて改めて思い出すのはウィリアム・ブレイク（一七五七―一八二七年）の詩です（邦題「無垢の予兆」）。

一粒の砂にも世界を
一輪の野の花にも天国を見、
君の掌のうちに無限を
一時《ひととき》のうちに永遠を握る。[*19]

最初に読んだのは、本当にかなり前で、おそらく高校生とか浪人生くらいだったと思いますけれど、その時はまったく意味がわからなかった。けれども、今はよくわかります。

石井：一瞬のうちに永遠があり、永遠が一瞬であるという世界観。

唐澤：そうですね。

石井：それは仏教思想にも通じているのではないでしょうか。

唐澤：華厳思想なんかはまさにそうですね。一即多、多即一、大即小、小即大という世界観。

石井：岡本太郎はどこかで仏教を本格的に学んだことはないと思いますが、一家でパリに渡る前、夫婦間でさまざまな葛藤があり、最終的に一平とかの子も仏教に帰依しています。そこから両親は仏教を熱心に学び、かの子に至っては、仏教研究者として全国から講演の依頼をされるまでになっています。

当時、かの子は歌人として一角の人物だったわけですが、小説家としてよりも先に、仏教界のスターのような存在になっていく。おそらく、両親が読んでいた仏教関連の資料や書籍が自宅にたくさんあって、太郎も若い頃から仏教に触れていたのかもしれません。

唐澤：それは大いにありそうですね。いやかなり影響は大きかったのではないでしょうか。意識的にではなく、知らず知らずのうちに身に付いていたということもあるでしょう。

石井：パリ時代の太郎は、かの子に神仏など信じず、芸術のみを信じよと手紙で書いていたり、一方のかの子は息子への手紙の中で「お前は本当の大乗哲学思想を知らない。そのなかには世界の新旧どんな思想でも包含されている」[*20]と書いていたりする。この手紙への太郎の返信は『母の手紙』に収録されず、元の手紙も戦火で焼失してしまっているからわからないのですが、パリ時代にも手

＊19　ウィリアム・ブレイク「無垢の予兆」『ブレイク詩集――イギリス詩人選(4)』（松島正一編）、岩波書店、二〇〇四年、三一九頁。

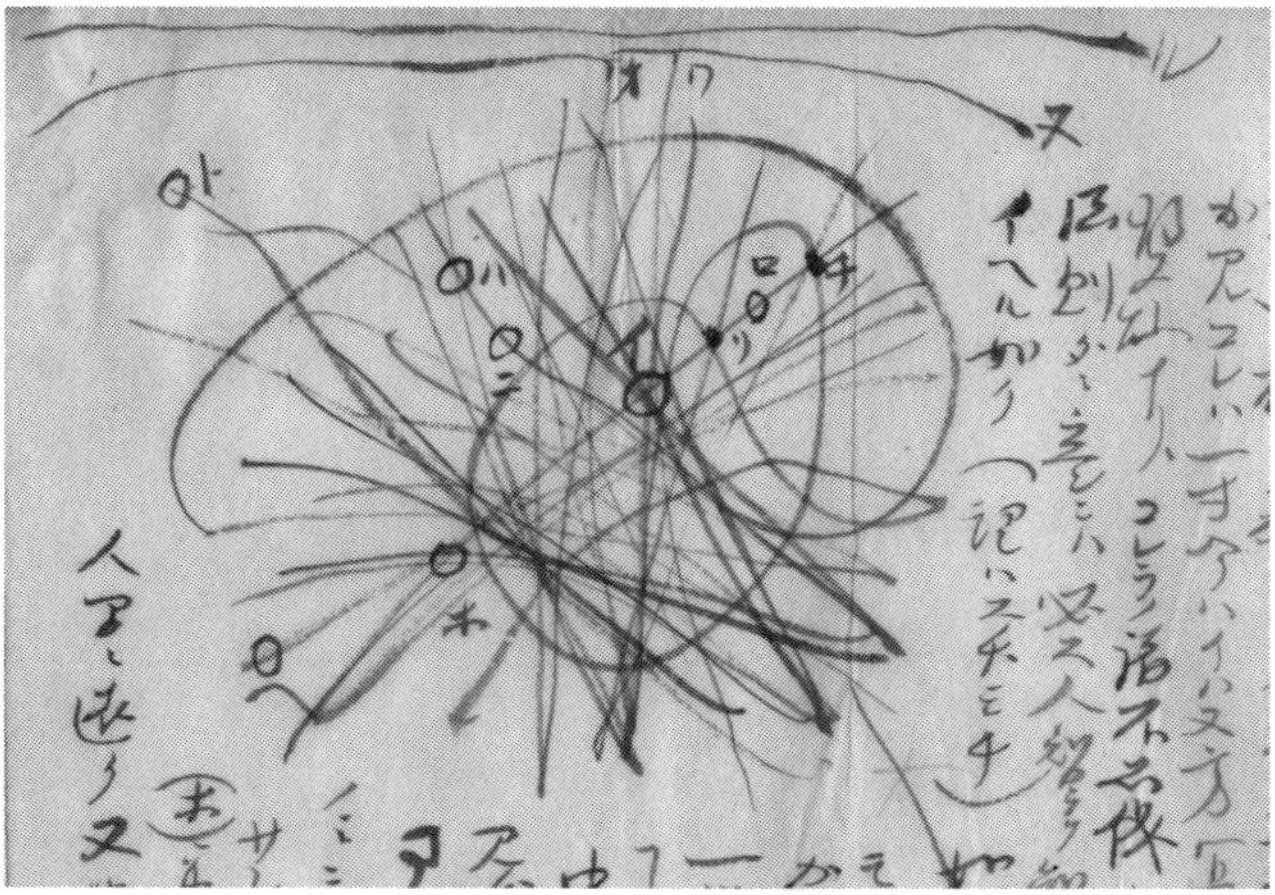

「南方マンダラ」（1903年7月18日付土宜法龍宛書簡）
南方熊楠顕彰館（田辺市）所蔵

紙で母と仏教について議論していたことが窺えます。

唐澤：そうですか。きっと家族内で相当仏教について議論していたのでしょうね。後年《太陽の塔》の制作において、太郎は仏教の中でも特にマンダラの思想から大きな影響を受けたということはよく知られていますよね。そして太郎は、確かマンダラを、空間を否定し、歴史を否定し去るものだと述べていたと思います。また、現代の我々のあり方を、空間に依拠し、時間に甘えていると[*21]喝破していますよね。太郎には、現代社会に生きる我々による、サイエンスに対するオプティミズムと歴史主義的な価値基準を解体しようとする強い意志があったのでしょう。熊楠もまさにそうで、「南方マンダラ」は、当時の西洋科学を前提とした「世界」の先つまり通常の時間と空間を超えたところにある領域、そして人智をもってかろうじて知ることができる場——彼はそれを「理不思議」と言います——の可能性を示そうとした図でもあります。その領域においてこそ「やりあて」は生じ得る。大いなる「やりあて」のためには、ヒューマン・スケールを、あるいは人間のタガを解除しようとする仏教の思想は極めて重要ですね。

＊20　岡本太郎『母の手紙——母かの子・父一平への追想』チクマ秀版社、一九九三年、一八七頁。
＊21　岡本太郎『神秘日本』角川ソフィア文庫、二〇一五年、二三六頁参照。

第五章　粘菌と縄文

岡本太郎と縄文

――お二人のこれまでのお話を伺ってきて、対称性の中であらゆる存在物と関係し思索を深め、物を書き、作品をつくってきた南方熊楠と岡本太郎の姿が朧げながら見えてきたように思います。しかし、その中でも「粘菌」と「縄文」というものは、二人にとって特別なものであり、南方熊楠と岡本太郎の代名詞的な存在であると言えるでしょう。また、石井さんが引いておられたように「いのちの本当のあり方」という岡本太郎の言葉に引き寄せて言うと、熊楠の粘菌というのも、ある種の生命の本質を体現しているようなものして考えられるわけですね。粘菌と縄文（土器）という対象物の違いはあれど、熊楠と太郎は同じ問題、つまり対称性の問題について考えていたと言えるのでしょうか。本章では、南方熊楠と岡本太郎の核心である、粘菌と縄文について、改めて伺えればと思いますがいかがでしょうか。

石井：岡本太郎と縄文は、切っても切り離せない関係です。太郎は縄文土器に出会うべくして出会い、出会った瞬間、全身が震えるほど感動し、そこに「日本人の生命の根源にあるもの」を見た。

太郎は、日本美術の伝統の中に、そういう「断ち切られたもう一つの自分」、片割れをずっと探し求めていました。つまり、自分の対称となるものの追究ですね。

当時、一般の人々がイメージした日本美術の源流は、奈良や京都にある建築や美術品でしょうけれども、それらは、太郎には何も訴えてくるものがない。太郎は、「大陸から直輸入され、そのまま伝統の中に編入されて、わが国の最大の古典としてまつりあげられている、豪華で壮大な奈良時代の仏教美術などをながめても、素朴な段階にあった当時の日本とはそぐわない、爛熟《らんじゅく》した大陸デカダンス文化の、おもく居丈《いたけ》高い気配に、なにか後味のわるさを感じ」、「古墳時代の埴輪などのあまりにも楽天的な美感にも、現代日本人にそのまま通じる、イージーな形式主義をみてとり、絶望した」[*1]と言っています。太郎がパリの博物館で目の当たりにした世界中の民族資料のような、ムワッと迫ってくる息吹を感じさせてくれるものを、日本ではなかなか見つけることができなかった。

ところが、美術雑誌『みずゑ』の編集者からの原稿依頼で、当時、東京国立博物館で開催されていた「古代日本文化展」に取材に行くことになった。この特別展は、当時の東博考古課長で縄文時代研究を牽引する一人であった、八幡一郎という考古学者が企画したものでした。戦後、縄文時代から古墳時代までの考古学の成果を一般大衆に向けて披露する、かなり力の入った展覧会で、全国から出土した考古資料の優品が数多く並べられていました。

＊1　岡本太郎『日本の伝統』光文社知恵の森文庫、二〇〇五年、七七頁。

そこには縄文だけでなく、弥生時代や古墳時代の出土品も展示され、当時の『国立博物館ニュース』十月号（一九五一年）の紙面を見ると、展覧会特集のメインに古墳時代の埴輪の写真が据えられています。八幡一郎は縄文を主とする研究者ですから、縄文に力を入れていたと思うのですが、世間にアピールする際に用いられる広告塔は、太郎が絶望した古墳時代の埴輪なんですね（笑）。

そういう展覧会に、岡本太郎は敏子と編集者と連れ立って見にいった。

そこでたまたま偶然見かけてしまった縄文土器に感動し、食い入るように縄文土器に見入ってしまった。それを客観的に見ていた敏子さんによれば、太郎はある展示品の前で「エッ！」と声をあげて立ち止まり、「なんだ、これは！」と縄文土器に近寄っていき、「ガラスケースの周りをぐるぐる回り、真剣に見ているうちに、そこから離れられなくなってしまった」[*2]とのことです。

その直後、太郎と敏子は電車で上野から銀座へ移動し、いけばな草月流の創始者、勅使河原蒼風からの誘いで洋食レストランの銀座オリンピックで行われた「いけばなあれこれ放談会」に参加しています。太郎と勅使河原以外には、写真家の土門拳、作家の安部公房、洋画家の藤川英子、美術評論家の水沢澄夫が同席していて、生花について語り合う会だったんですが、太郎は上野での興奮冷めやらぬまま「ちょっと話は違うが、きょう実は縄文式の土器を見たんです。実に沢山の問題がある。とにかく素晴らしいものだよ」[*3]と語り始め、土門や安部と議論を始めてしまう。生花という座談会の趣旨はどこへやら（笑）。

そこでは土門と安部から反論されていますが、太郎は電車移動の短い時間に考えた縄文についての持論を展開しています。そこで語ったアイデアが数カ月後、『みずゑ』に掲載された「四次元との対話 縄文土器論」という論文に結実したわけです。

熊楠の「やりあて」と重なりますが、太郎は、縄文土器を見た瞬間に「これだ！」と、本質をつかみ取ってしまった。自分と共鳴するもう一人の自分がそこにいた、という感覚です。対象物である縄文土器との邂逅、一体化がその瞬間に起きたのでしょう。そこで、もう一人の自分と出会ってスパークした。「爆発」です。そこから岡本太郎の「縄文なるもの」の探求が始まります。四十歳の太郎に起きた、対称性の問題のど真ん中の話ですね。

そうして太郎は縄文にのめり込んでいき、縄文時代の考古学的研究の文献を集めて読むのだけれども、そこには自分が見ているものが何も語られていない。だから、自分の視点から人類学的芸術論としての「縄文土器論」を書かざるをえなかったんですが、とにかく、太郎は縄文に出会うべくして出会ってしまった。

＊2　岡本敏子『岡本太郎——岡本敏子が語るはじめての太郎伝記』アートン、二〇〇六年、一二〇頁。
＊3　「いけばなあれこれ放談会」『草月』一九五二年、二二頁。

南方熊楠と粘菌

唐澤：その「出会ってしまう」というのが、やはり本質だと思いますね。熊楠も、粘菌とまさに出会ってしまったんですね。熊楠が粘菌を本格的に採集し始めたのは、彼がアメリカに渡ってミシガンから南下しフロリダに行った頃です。岡本太郎にとって縄文土器がもう一人の自分だったように、まさに粘菌はもう一人の熊楠でした。そもそも、熊楠の名前を見てください。熊と楠という動物と植物が合わさった名前です。粘菌は、動物的要素と植物的要素を併せ持つ存在ですから、熊楠と粘菌は、もう運命的に出会ったという感じですよね。

熊楠と粘菌との出会いは「やりあて」だったとも言えます。それはもしかしたら、出会ってしまったというか、出会わされてしまったと言ったほうがしっくりくるかもしれません。粘菌のほうから出会うように誘ってきたというような気が、私はしていますね。思いを「遣り《や》」、向こうから「あたって」くる。往々にして、思いを馳せる、思いを「遣る」のは、こちらの能動的行為かと思いきや、実は向こうからそうするように誘われているものです。

熊楠にとって、西洋近代科学に代表されるようなロゴス的なものの考え方をどのように超えていくかということは、大きな課題でした。粘菌は、その意味で、熊楠にとっての「希望」だったと思います。粘菌は従来の分類法ではすっきりと分けられるようなものではないし、どこからが生で、どこからが死なのかも曖昧な存在です。熊楠も、粘菌は「生死不断」[*4]だと言っている。しかし彼は、そこにこそ、近代科学を乗り越えるヒントがあるのではないかと感じ取っていました。従来の学問的方法を突破する鍵が粘菌だと、熊楠は直観したのでしょう。彼は、この予感する力、察知する力がずば抜けています。

私は、熊楠が「粘菌生命論」のようなものを構想しようとしていたのではないかと思うのです。粘菌の変形体と呼ばれるアメーバ状になった姿は、どろっとしていて、死んでしまっているように見えます。キノコ状に生えてくる子実体は、まさに生まれたての生命体のように見えます。しかし、熊楠はそうした当時の一般的な見方に異を唱え、むしろ変形体のほうが生き生きしているではないかと言いました。まるで痰のような状態で無構造的に見えるのだけれども、それこそ実は生きていて、逆に子実体のほうは自分を守るために固まりつつあって、死に向かっていっている、というようなことを言うわけです。[*5]

キノコのように生えてきた粘菌の子実体は、たくさんの胞子を空気中に飛散させるために、上へ上へと伸びていきます。そして、子実体の壁、つまり子嚢壁《しのうへき》の中には、おびただしい数の胞子が詰

＊4　南方熊楠「一九〇二年三月二十五日付土宜法龍宛書簡」『高山寺書簡』二六二頁。
＊5　南方熊楠「一九三一年八月二十日付岩田準一宛書簡」『南方熊楠全集』九巻（岩村忍、入矢義高、岡本清造監修）、平凡社、一九七三年、二八―二九頁参照。

まっています。子実体は、この壁で身を守り、自他を明確に区別しています。そして、上部の子嚢壁を柄によって支えながら整然と立ち並びます。これは、ドゥルーズの言う「ツリー」を想起させるものです。このような子実体の姿は、現代社会を生きる私たち人間のあり方にとても似ていると思いませんか。

熊楠は、変形体のほうがむしろ豊かな生を営んでいることを強調しています。変形体は、不定形あるいは無形的で、いろんな方向に広がっていきます。そして、中心点を持たず、ひたすら予測不可能な連結と増殖をくり返します。「ツリー」に対してこちらは、まさに「リゾーム」的です。

この「リゾーム」としての変形体の重視は、岡本太郎の《太陽の塔》内つまり生命の樹におけるアメーバ単細胞の強調にもつながると思います。太郎は、そこで、人類よりもアメーバの世界をかなり大きく表現していますよね。彼はアメーバの世界に郷愁と尊敬の念を抱いていた。生命の不思議さと尊厳を、最も原初的な生物に求める感じは、熊楠に実によく通じます。

あと、熊楠が粘菌という微細な生物を研究し続けた背景には、「精神安定」という理由もありました。彼は、粘菌の標本をつくったり、時には解剖したり、顕微鏡で覗いたりすることで自分の中の「狂気」を押さえていたのです。粘菌研究は、精神衛生上、熊楠にとって必要不可欠だったわけですね。

熊楠は粘菌研究をライフワークとしていて、さまざまな新種も発見していますが、きちんと発表されたのは、十種類ほどしかないんです。熊楠が発見した新種の粘菌はおそらくもっとたくさ

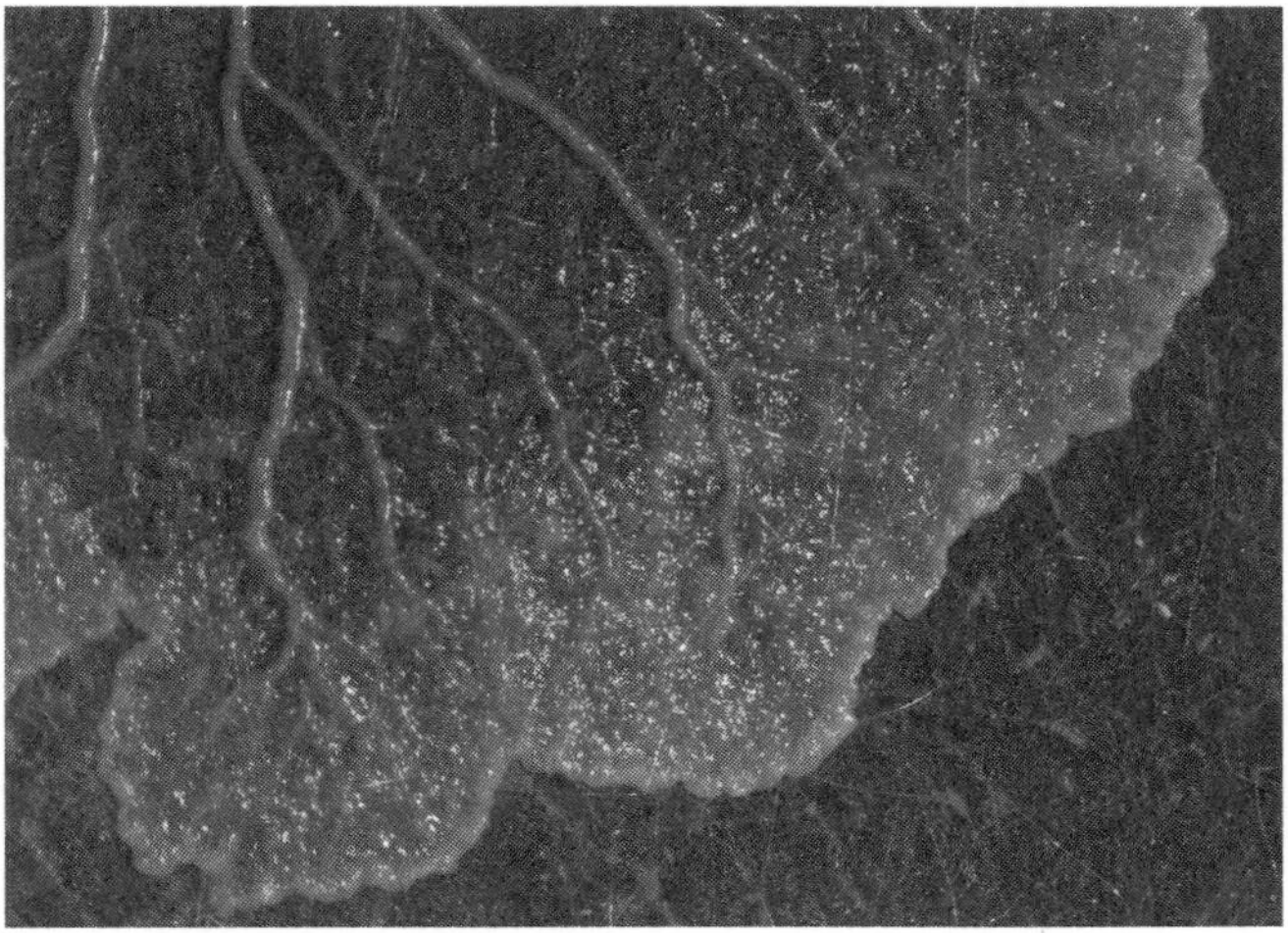

粘菌の変形体（種不明）撮影：唐澤

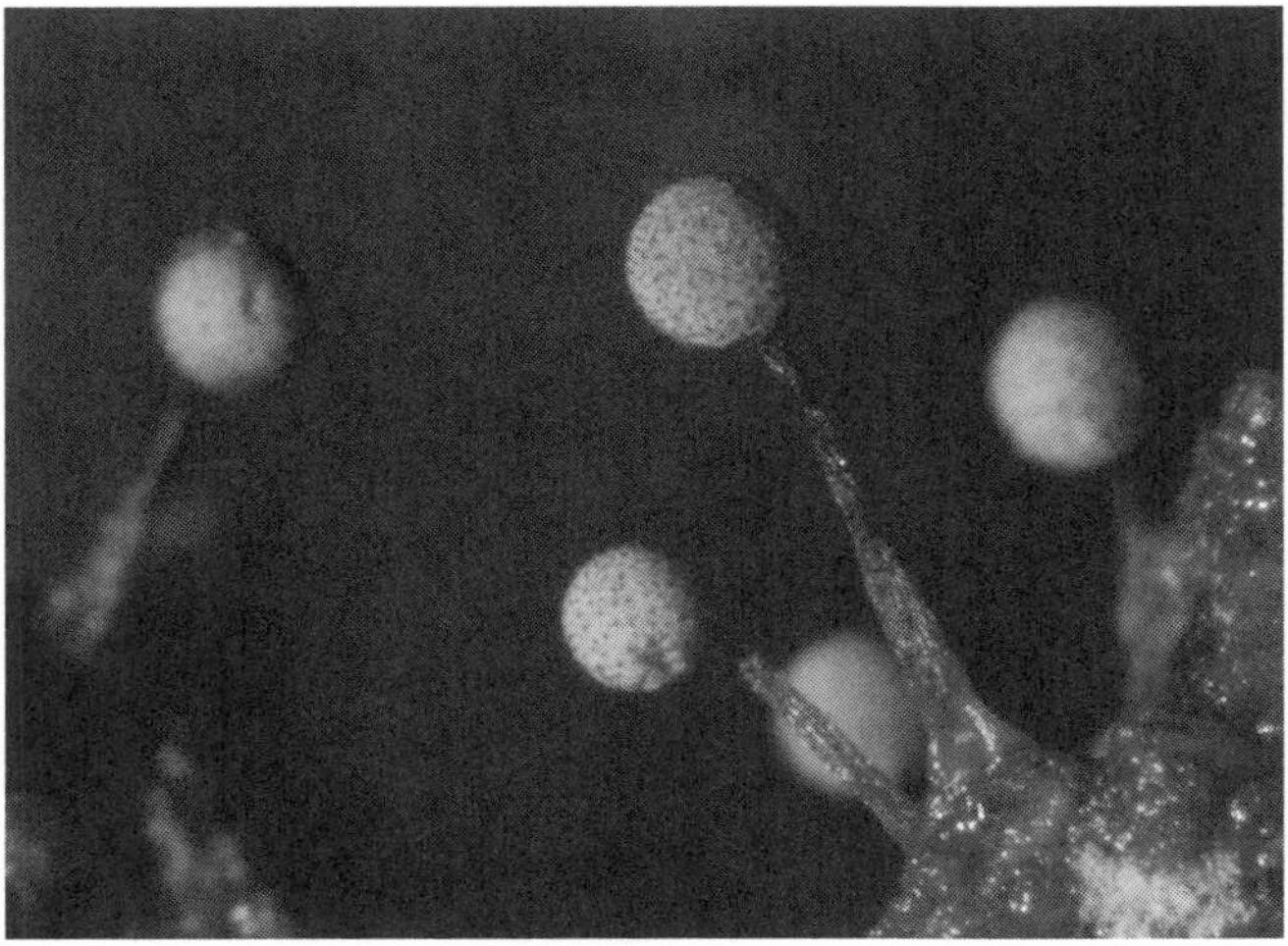

粘菌の子実体（アミホコリ）撮影：唐澤

神島調査中の熊楠（1934年）南方熊楠顕彰館（田辺市）所蔵

んあったでしょうね。けれども、新種の発表について、熊楠本人はあまり重視していませんでした。新種を発見して、アカデミックに発表するためには、決められた名前の付け方、ルールというか手続きがあるわけですが、熊楠は、独自の番号づけをするだけだったり、仮の名称で済ませたり、主に自分だけがわかるもので終わらせることが多かったんです。例えば熊楠は、田辺湾に浮かぶ神島で紫色のとても美しい粘菌を見つけて、「アルクリア・カンナメイア」と名付けています。神嘗祭の日に発見したものだったからです。素敵な名前なのですが、これもあくまで彼独自のものです。彼は新種を発見することよりも、変化の過程のようなものを明らかにして、普遍的な全体構造を考え直すことに着目していたようです。新種を発見することなんか、自分にとっては「児戯《じぎ》」だなんてことも言っていますね。[*6]

前に述べましたが、熊楠の粘菌図譜は現在では二枚しか残されていません。しかし、実際には三〇〇枚ほどあったと言われています。それらは、精神疾患を患っていた息子の熊弥さんに大部分を破られてしまいました。かなり細かく破られていて、熊楠は修復を試みたのですが、結局叶わなかったようです。彼にとっては相当無念だったでしょうね。それらが残っていれば、熊楠の粘菌研究に関してもっとわかることも多かったでしょう。

熊楠が粘菌についてどのように記録していたのか断片的にですがわかるのが、彼の粘菌研究の弟子だった小畔四郎らへ宛てた書簡です。それらを読むと、なんだかとても詩的な感じがします。いわゆる自然科学的な粘菌図鑑において、そのままでは通用しない叙述法だと思いますね。例えば、「紙巻タバコの箱の中の銀紙の如く光る」[*7]とか、「虫の眼玉の如く数千のレンズを具へたる奇状のもの」[*8]とか、「紫碧にて虹如く光る」[*9]とか「春画の淫水の如く半流動体たり」[*10]とか。こういう言葉は普通の粘菌図鑑などにはまず載っていないですよね。

彼は、詩的で、主観的で、味わい深い言葉で粘菌を記述しています。こういう言葉からわかるの

＊6　南方熊楠「一九一七年一月十八日付上松蓊宛書簡」『南方熊楠全集』別巻一（岩村忍、入矢義高、岡本清造監修）、平凡社、一九七四年、十頁。

＊7　南方熊楠「一九二二年九月十一日付小畔四郎宛書簡」『南方熊楠 小畔四郎往復書簡』（三）南方熊楠顕彰館、二〇一〇年、三五頁。

＊8　同前書「一九二二年十一月二十一日付小畔四郎宛書簡」七七頁。

＊9　同前書「一九二三年十一月三日付小畔四郎宛書簡」一六八頁。

＊10　南方熊楠「一九一八年七月八日付小畔四郎宛書簡」『南方熊楠 小畔四郎往復書簡』（二）南方熊楠顕彰館、二〇〇九年、一四頁。

は、熊楠は粘菌にとても深く入り込んでいた、自らを「直入」させ合一するほど近しくなっていたことです。彼は、粘菌を単なる「対象」を超えた何かとして見ていたと思います。熊楠の文章からは、粘菌を対象化して完全に自分と切り離して淡々と冷静に捉える態度を超えた、粘り気のある熱さを感じます。このような叙述法は、現代の自然科学の方法にも新しいヒントを与えるものかもしれません。

対称性の次元で生きる南方熊楠と岡本太郎

石井：岡本太郎も縄文土器に「直入」しているので、熊楠と本当によく似ている（笑）。

ところで、太郎は縄文と出会った後、そこから何を打ち出そうとしたのか。没後の再評価で、太郎は縄文の美の再発見者と言われるようになり、太郎の「縄文ポピュリズム」が「縄文ユートピア論」の醸成につながったとする考古学者もいます。[*11] しかし、しばしば誤解されることが多いのですが、美の再発見はあくまで結果論ですし、太郎はユートピア論など展開していません。[*12]

太郎は「四次元との対話 縄文土器論」[*13]の前半で、まず、当時の日本人の伝統観に対するアジテーション的文章からはじめ、次に、立体的な造形の縄文土器を「非情なアシンメトリー」とし、平面的な造形の弥生土器を「シンメトリカルな形式主義」と評して対置させ、縄文的造形の「空間性」を評価し、それまで外されてきた縄文を、日本の伝統に組み込むことを主張しています。

この前半部分がポピュリズムと指摘されたり、縄文の美の再発見者という評価につながったりするのだろうと思いますが、太郎が縄文土器論で問題にしているのは、自身が縄文土器に感じた、日本人などの枠を超えた「人間性への根源的な感動」と「信頼感」[*14]が、いったい何に起因するのかということです。太郎が縄文土器論で言いたいこと、その結論は、縄文のような「根源的な生命力の叡智」[*15]を奪還せよ、ということです。

太郎は別の場所でも「根源にさかのぼって、生きるとはどういうことであり、人間はそもそものような生き方をしたか。俗にいう「進歩」とともに人間が失ってきた本来の存在感を、再獲得す

＊11　「異議あり『縄文時代』はつくられた幻想に過ぎない　考古学と社会の関わりを研究する山田康弘さん」『朝日新聞』二〇一六年八月三〇日。

＊12　実際、「縄文土器論」に縄文をユートピアと見る記述はないし、別の紙面で太郎は「私は、夢のような楽園、ユートピアを思い描いているのではない。それはむしろ逆である。狩猟期の人の、危機と戦慄にみちた生活感情は、縄文土器の表情を見ればまざまざと感じとれる。だがそれは、生きるよろこびの戦慄でもある。危機なしに歓喜はない。人間と自然との闘争には、いのちといのちとのぎりぎりの対話、試練があり、人間を超えた神秘との対決がある。辛かったかもしれないけれど、存在として耐え、ぶつかっている。それは欣喜雀躍と言いたいような、力にみちたノーブルな闘争だ」とも言っている（岡本太郎「疎外の原点」『日本文化の歴史』第2巻「古墳と神々」』学研、一九六九年、一四六頁）。

＊13　岡本太郎『伝統との対決――岡本太郎の宇宙3』ちくま学芸文庫、二〇一一年、一三―二九頁。

＊14　岡本前掲書、一九頁。

＊15　岡本前掲書、二九頁。

るための手がかりを、この方向にこそ求めるべきではないか」[16]と言っているので、彼にとっての縄文は、失われてしまった人間の原点回帰であり、自然と対峙してきた人間が本来もっている生きものとしての本質や生きがいを、取り戻す手がかりなんですね。この太郎の「人間とは何か」という問いから出発する視座は、すこぶる人類学的です。

「芸術家になりそこねた人類学者」を自称する小田マサノリさんが言うように、太郎を「人類学者になりそこねた芸術家」と見るならば、縄文土器論の評価が偏りがちな前半部分は、むしろどうでもいい内容だと僕は思っています。縄文土器論の人類学的な本筋の核心は、タイトルにも付されている「四次元との対話」について考察されていく後半部分にあり、「四次元との対話」とは何か、ということが一番の肝になります。多くの読者は理解不能に陥るのか、この後半部分を読み込む人が、研究者を含めて少ないのが問題だと思います。

この「四次元との対話」について、太郎は社会学者のエミール・デュルケーム学派[17]の論を参照しつつ、宗教や呪術と結びつく概念であることを述べ、「超自然的な意思の働き」、つまり「見えない力に呼びかける」ことであり、それが「呪術」であると言っています。[18]その上で、見えない力に呼びかける四次元との対話=呪術について、レヴィ=ブリュールの「分有の法則」をもち出し、次のように説明しています。

獲物である一匹の熊が、一個の石、土偶、或は一人の人間（更にまたそれは抽象的事物でも構わない）であるかもしれない。原始人は決してそれを疑わない。してみれば、熊を捕えるにはその石か土偶に呪術をもって働きかければよいのである。我々の思惟では例えば一匹の熊が石である為には神秘の媒介がなければならない。しかし彼らにはそのような意味の神秘観はない。つまり媒介なしに直結しているのだ。[*19]

これは第二章でも話した岡本太郎の創作の話、つまり、つくり手が他者である素材に精神を凝縮すると、素材が作者の内に入ってくる、あの話と重なってきます。既に「縄文土器論」の後半で、動植物や素材、人工物、超自然が媒介なしに人間とつながり合っている、つまり、万物は一切の仕切りも区別もない状態で連鎖している、という狩猟民の認識論と存在論を語っているんです。それを「四次元との対話」や「神秘」という言葉に置きかえていますが、現代社会に生きる僕らの存在論とはまったく違うことを強調しています。今日においてはそれが絶えてしまっているけれども、本来的な人間のあり方に関わる「根源的な生命力の叡智」を縄文から取り出し、奪還すべきだということを太郎は言いたかったのだと思います。

＊16　岡本太郎「疎外の原点」岡本前掲書、一四五頁。
＊17　岡本太郎の人類学の師であるマルセル・モースは、デュルケームの甥にあたる。
＊18　岡本太郎『伝統との対決——岡本太郎の宇宙3』同前掲、二五頁。
＊19　岡本前掲書、二六—二七頁。

また、太郎は「芸術は呪術である」[20]とも言っています。このような考え方は、現代アートの業界では完全に退行とみなされてしまうでしょう。進歩史観からすれば、縄文は過去の遺物にすぎず、見えない存在に呼びかける呪術である「四次元との対話」は、進歩の過程で不要なものとして切り捨ててきた忌むべき技術《アート》であり、シャーマニスティックな「やりあて」的方法論は進化ではなく、退化だと捉えられてしまう。

唐澤：そうかもしれません。

石井：ですから、太郎が言っていることは、古臭い妄言のたぐいとして相手にされなくなっていく。ところが、太郎が一貫して訴え続けていた「根源的な生命力の叡智」についての議論が、めぐりめぐって存在論的転回やマルチスピーシーズ人類学などの、現代人類学の最先端の議論に接続するというのは、なんとも皮肉な話です……。

いずれにせよ、太郎が縄文土器から読み取った「四次元との対話」は、熊楠の感覚にも通じるものだと思いますが、対象と一体化して作品を生み出していく技術でもあり、太郎や縄文人が一体化する相手は、粘土の様な素材に限らず森羅万象です。僕たちは文明化していく過程で、人と物とが分断され、細切れにされてきたわけですが、逆に言えば、僕たちは万物とのつながりを断つことで進歩してきた。

ところが、本来的な人間のあり方を捨ててきた僕たちは、幸福を得てきたはずの進歩によって疎外され、生きる誇りや生きがいを失い、どんどん疲弊していく。このままでは、人々の生き苦しさはますます増大していくだけ。太郎は、このような現代社会に対する危機意識をずっと持っていたんです。だから、縄文を象徴とする狩猟採集民的な生き方、つまりは、万物との対称的なつながりを取り戻さなければならないと、太郎は人々に訴え続けたのでしょう。《太陽の塔》もその一つです。縄文土器論から七十年以上経っていますが、太郎の視座は現代人類学を先取りしていて、戦後間もなくの一九五二年に、既に言及しているんです。

唐澤：おっしゃる通り、人間の原点や原初というものをどのように取り戻すのか、あるいはどのように見つめ直すのか、そして私たち人間が動植物とどのようにして接続し直すのかが、これからますます重要になってくると思います。例えば、北方狩猟民などは、人間と人間以外の存在とを、初源的には同一であると、アクチュアルに考えるわけですよね。その世界では、人間が、熊やカラス、狐などに変身・変態（メタモルフォーゼ）することは頻繁にあるし、そうした異種との結婚だって可能なわけです。そのリアルさが、現代の日本社会に生きる私たち、特に大人には希薄ですよね。

私たちは、人間とそれ以外の間に超えられない壁を設けてしまい、同時にそれ以外の存在者を人間よりも種的に下位として見ることが多い。そのような非対称な関係においては、動植物のような非人間と人間が「会話」することは当然不可能になります。両者が非対称な関係では、目線も違えば、距離も遠すぎるので、真の会話は成立しない。

＊20　岡本太郎『対極と爆発——岡本太郎の宇宙1』ちくま学芸文庫、二〇一一年、四八七頁。

他にも例えば、北方狩猟民が、メディシン・アニマルあるいは守護動物などから夢でメッセージを受け取って、その通りに行動し獲物や食糧などを得るということがありますが、これはまさに「やりあて」ですよね。そこでは、一方向的に動物の行動を人間の理性のみで解釈するということを超えた相互の深いやりとりが、非常に大事になってきます。なんと言うのでしょう、人間スケールの空間・時間観念や自我へのとらわれを解除した次元のようなもの……。そこでの交感が、岡本太郎の言う「四次元との対話」なのかもしれません。

前に述べたように、熊楠は人間でありながら、楠でもありました。だから、楠が伐られてしまうということは、自分の身が切られるのと同じくらいの「痛み」が伴っていました。もしこの次元に私たちが下りていければ、非人間とのコミュニケーションも成り立つのではないか——少なくともこういう可能性に常に心を開いておくことは大事ですよね。

そして、もう一つ重要なのは、動植物などの非人間に対して「人間の犠牲になってくれてごめんなさい」と考えたり、「動植物を食べるなんてかわいそう」と考えたりするのは、実は、人間中心的でもあるいうことです。人間の尺度でそう考えているに過ぎない。そういうのを超越した、もっと自分自身に深い「痛み」を伴うような次元がきっとあると思うのです。それをなんと言えばいいのかわからないので、とりあえず私は「絶対感謝」と呼んでいます。例えば、人類学者のポール・ナダスディが、北方狩猟民のクルアネの人々は、狩猟で獲物を得た時、動物は自らを捧げてくれたので、「かわいそう」と考えることはしないと言っています。また、「そのような動物の苦しみを考えることは、贈り物にケチをつけることであり、そもそも、その動物がその人に自身を捧げるべきであったかどうかについて、疑いの目を向けることになる。こうした振る舞いは、動物を侮辱することになり、二度とそのような贈り物を受け取れなくなるおそれがある」[*21]ということを紹介しています。そして、人々は「贈与」されたものには、ただただ儀礼的態度と実践を遵守することで「返済」します。ここには、単なる共感や同情を超えた純粋極まる感謝があると思います。これを指して、私は「絶対感謝」と呼んでいるわけです。社会通念上の善／悪、優／劣の二項対立に縛られている限り、対象からは表面的な痛みしか感じることはできません。もっと大きな流れからくる感謝と敬意は、「ごめんなさい」や「かわいそう」という観念をゆうに超えています。それは、言葉にならない深い「痛み」でもあります。その次元に辿りつくことができたのが南方熊楠であり、岡本太郎だったのではないでしょうか。

石井：熊楠と太郎は、その次元に辿りついたというよりも、粘菌や縄文との出会いによって忘れていたものを思い出した、という感覚に近いかもしれません。唐澤さんがおっしゃった、北方狩猟民が「人間と人間以外の異なる存在とを、初源的には同一である」と考えるというのは、トナカイ遊牧民やアイヌなどの研究で知られる人類学者の煎本孝さんが「初源的同一性 original oneness」[*22]と

＊21　ポール・ナダスディ「動物にひそむ贈与」『人と動物の人類学』（奥野克己・近藤祉秋・山口未花子編）春風社、二〇一二年、三〇二頁。
＊22　煎本孝「人類の進化と北方適応」文化人類学74⑷、二〇一〇年、五四一—五六五頁。

いう概念として定義されていますね。

現代社会では、その初原的同一性や対称性が引き裂かれてしまい、分断化され、非対称化されている。これをどのようにして再び結び直すのか。忘れられていた対称性の回復ということが、究極的には今、求められているのだろうと思います。欧米人類学の存在論的転回やマルチスピーシーズ人類学、中沢新一さんの対称性人類学などの仕事は、その潮流だと思います。くり返しますが、岡本太郎はすでに一九五〇年代から言っているし、実践していたことだった。おそらく、南方熊楠はもっと前から言っていたことだと思います。それがようやく、現在のアカデミズムでも問われ始めるようになってきた。

熊楠は粘菌でしたが、太郎はその後、縄文土器から非生命の石へと関心が向いている。とはいっても、油彩の《夜》(八七頁)にも石が描かれているので、石への興味はパリ時代から持っていた可能性が高いです。太郎の『美の呪力』という本は、一九七〇年大阪万博の《太陽の塔》とメキシコの巨大壁画《明日の神話》の制作と同時並行で雑誌連載していたテクストをまとめたものなのですが、石の問題に大きく紙幅を割いています。I章はイヌイットの石積みである「イヌクシュクの神秘」、II章が「石がもし口をきいたら」なんですね。

第三章でも話しましたが、縄文土器と同じ生命の根源が流れている、と太郎が見る沖縄の御嶽の議論でも、石と樹に注目していましたし、《石と樹》という絵画が複数パターンあることからすると、どうも太郎は、非生命である石と生命である樹の両者を、区分けせずに絡まり合う一つのものとして捉えているようです。偶然かもしれませんが、《太陽の塔》はコンクリートの人工石が外皮となって、鉄の生命の樹を包んでいる。

僕ら現代社会人は、生命と非生命をまったくの別もの、対立する引き裂かれた不連続の存在として捉えているわけですが、狩猟民たちはそうではなく連続したものと見ている。それと同様に、太郎も石と樹を、熊楠の粘菌のように一体のものとして捉えているのかもしれない。粘菌は、子実体と変形体が入り混じっている、死んでいるのか生きているのか、僕らの視点ではよくわからない。なぜなら、僕らの常識に根づいてしまっている二分法や二元論の垣根を超えてしまう存在だから。こうした二分できない絡まり合うものに熊楠と太郎が心を奪われたというのは、とても面白いですね。

考えてみれば、縄文土器も粘土の塊を焼くことで硬化する、つまり、土が火を受けることで石になる、というメタモルフォーゼが起きているわけですから、すべての存在の間に仕切りを設けていない縄文時代の人々が、土器づくりを生命的な変化として感じ取っていたとしても不思議ではないですね。そういう「いのちの交歓」を縄文土器に感じ取ることの必要性を、岡本太郎は訴え続けていたわけですが、人類学や考古学のアカデミアはもちろんのこと、世間にもまったく通じなかった。

ところが、今、ようやく再び議論され始めているというのは、僕にとっては実に感慨深いことです。だから、もし今、熊楠と太郎が生きていたら、「やっとわかったか」と言うんじゃないかと、

唐澤さんのお話を聞いて思いますね。

制作と人格化

唐澤：ここで議論を深めるためにあえてお聞きしたいのですが、岡本太郎は、石を擬人化していたのでしょうか。

石井：僕は、擬人化という言葉には違和感を覚えます。人になぞらえるとか、人に見立てるという考え方は、人間中心主義だと思うんです。ですから、僕は人格化というほうがまだましな表現であるように思います。その上で、太郎が『美の呪力』で語っている石の問題は、当時並行して制作していたコンクリートの塊である《太陽の塔》と、セメント板の《明日の神話》と無関係ではないと思っています。どちらも太郎が対峙する素材は人工石ですが、太郎はおそらく、人工石をも人間と同格の他者としてみていた。

太郎の「石がもし口をきいたら」という文脈で言えば、《太陽の塔》は無口だけれども、《太陽の塔》がもし口をきいたら何と言うだろうかと問うとしたら、それは直接塔に問うしか回答を得る方法がない、というのが太郎の態度です。つまり、太郎は人工石の《太陽の塔》を人格化しているということですね。実際、太郎は「《太陽の塔》はいったい何なのか」と記者に問われた時、「それは本人に聞いてみないとわからないよ」と答えたそうです。これは擬人化ではなく、塔を人として見ている応答ですよね。

第二章で話したことのくり返しになってしまいますが、太郎の作品制作では、太郎は素材と溶け合い、一体化するけれども、それが完成に向かうと太郎から分離し、作品は自立した他者として現れると言っています。制作中、太郎と素材との間には人間と物質という二元論的な仕切りがないので、完全に自分と混じり合った一つの存在になるけれども、分離後は、自分とは違う人格をもった他者として、作品が自分の周囲や世界各地に存在する。元は一つだけれど、さまざまな片割れとしての作品群が分散して存在している状態ですね。

万博以降、太郎はパブリックアートの制作に注力していきますが、それは芸術は太陽のように、無償エネルギーの贈与を人々に与えるものでなければならない、という太郎独自の贈与論にもとづいた行動だと思います。パブリックアートは公共の場に設置されるので、基本、そこへ行けば無料で誰もが芸術作品に触れることができます。そこ行けば太郎の作品にいつでも会うことができる。

ただし、これは裏を返せば、芸術即呪術と考える呪術師の岡本太郎が、無償の呪術を放射する存在としての、あるいは、自立したシャーマンとしての作品を全国各地に設置していた、と捉えることもできます。そう考えると、太郎にとってのパブリックアートは、この列島社会を芸術という呪術で根底から変えるための一つの試みだったのかもしれません。芸術が社会になんでもないものとして染み入る一つの形式が、道端の石ころのようなものとしてのパブリックアートだったという仮説です。旧大阪万博では、国際見本市を神聖な祭りに変換する太郎の試みが成功したとは言い難かった。だから、太郎は形を変えて、自分のいのちを分け合った数多くの片割れを、全国に散りばめることによって、独自の呪術を発動することを試みたのではないでしょうか。

唐澤：呪術発動デバイス設置プロジェクト！

石井：ちょっと考えすぎかもしれませんが（笑）、なぜそう考えるのかというと、僕自身、似たようなことをした経験があるからです。栃木県益子町主催の「土祭２０１８」という芸術祭になぜか作家として招聘され、岡本太郎と親しかった人間国宝の陶芸家・濱田庄司の旧邸宅を舞台にインスタレーション作品を展示したことがあります。この芸術祭で、僕は一カ月以上にわたる滞在制作をしたのですが、その間に僕が何をしたのかといえば、益子町のすべての神社を調べあげ、グレートジャーニーの関野吉晴さんにならって徒歩と自転車の人力で巡るということでした。

神社の中には廃墟と化しているものや、山の奥のほうにあるのはわかっているけれど、地元の人も場所を特定できない神社もありました。そうしたところも丹念に探し回りながらすべて巡り、各神社の境内に落ちている石や考古遺物、道端で気になった物をひろい、ペーパー神主として神社に祀られている神々や道端の土地に断わりを入れた上で、それらをお借りし、そうして集めてきたものを組み合わせ、インスタレーション作品として旧濱田邸に展示したんです。

もちろん、芸術祭終了後も一人残って、返礼儀礼をしながら神社を回り、借りたものをお返しするということをやりました。すると不思議なもので、借りてきた物を介して、僕と神社の土地、益子町全体とのつながりが生まれてくるという実感がありました。なんというか、手にとるように町がわかるというような、町と一体化する感覚です。これだけ聞くと、なんとも馬鹿げた行為です。けれども、自然や神々はそういうのをちゃんと見ていてくれるんだな、と。すべてをやり終えた最後には、僕にしかわからないメッセージ性を含んだ糞虫を、最後の最後の締めくくりで送り込んでくれるという、僕に対して「ようやってくれたな」と土地の神々が言っているんだなと受け取って、その場で独り、おいおいと泣いてしまいましたが、これは、本当に面白い体験でした。

友人の美術家に、ドキュメンタリー映像をなぜ残さなかったのかと言われて、そういえばそうするべきだったなと後になって思いましたが、僕が体感したことは展示では説明していないので、来場者や地元の人たちにも伝わっていないと思います。ただ、自分自身の制作体験を通じて、呪術的な芸術行為が人と物と自然と超自然を結びつける、ということには実践からの確信があるので、岡本太郎もそういう方向に進んでいったのかもしれないなと思ったわけです。

唐澤：面白いですね。一度、自分と溶け合ったものが作品制作を通して分かれていくというその感じ。おそらくそれは単なる擬人化ではないですね。ふつう、擬人化と言えば、ただ人間を物に投影するものです。しかし、そうではなく、一度、一体化した初源的なところから分化したものとして何かを捉えるという方法。これはただの擬人化ではない。初源的に持っているpersonhoodを分有しているという意味での人格化なんですね、きっと。

石井：作品をつくるということは、そういうことなのかもしれないですよね。例えば、美大生が何か絵を描く時、画材を店で買ってきて、そこから下塗りをして、筆と絵の具を使って一枚の絵を描く。この過程に関わる物たち、素材たちは世界中から寄せ集められていますが、そのさまざまな物たちの組み合わせによって、一枚のキャンバスや一本の筆、多彩な絵の具がつくられる。

芸術作品の制作にかかわらず、道具などのものづくりもすべて、一つのいのちから分化した存在たちが再び融合するための手段なのかもしれず、それを太郎は芸術、呪術と捉えていたのかもしれない。

唐澤：確かにそうですね。それから、オジブワ族の人々などは、人も動物も「人間」という概念の中に含まれるということは、石井さんもご存知かと思います。「人間」というものが、私たちがふつう考えている「人間」とは違う位相で考えられている点が興味深いですよね。初源的personhoodは、人間も持っているし、人間以外も持っている、もちろん石も持っている。すべてに分け与えられている。だから、例えばヘラジカだったら、正確には「ヘラジカ人間」になるし、人間は「ヒト人間」だというわけです。不滅の生命そのものが「人間」。それを分有することが、おそらく人格化ということではないかと思います。このような議論は、人類学者の奥野克巳先生らが編集した素晴らしい書籍『人と動物の人類学』[*23]で網羅的にそして詳細になされていますね。

石井：「人間」に寄せて考えれば、唐澤さんがおっしゃる「初源的personhood」が適当なタームになりますが、僕は「生命」や「いのち」という言葉、あるいは、煎本さんの「初原的同一性original oneness」に、生物や物質、人工物、自然現象をひっくるめた森羅万象を包含する球体状の初原的なモノをイメージしています。ですから、「人格化」は「擬人化」よりも多少ましな表現という認識で腑に落ちておらず、人間に寄せる捉え方の「人格化」にも違和感を覚えます。僕のモノのイメージは、奥野さんの議論とも乖離している気がします。いずれにせよ、これはもう非科学的な話になってしまいますが、その分有されたアニマ的なもの、魂的なものが近しいと心身が反応する。それが太郎の場合は縄文で、熊楠の場合は粘菌だったということなのかなと、これまでの話を振り返ってきてそう思いました。

だからこそ、人が感動するものというのは、超絶技巧などの表面的につくり込まれたものに反応するということもあるのですが、それとは別に、「やりあて」で出会うべくして出会ってしまったものに対して「なんだ、これは！」と、否応なしに全身がぶるぶるとうち震えてしまう反応がある。その衝撃とともに、自分の中の何かが共鳴共振している。震えるほどの反応は、自己の片割れとの出会いの衝撃で、それこそが感動なのかなと思いますね。

唐澤：まさにそういうことだと思いますね。共振共苦と言うのか、共に思い、共に苦しむようなものが必要なんだと思います。鎌田東二先生の言葉から引けば、「動物を擬人化するのではなく、人間を分子生態学的布置の中に置いて相対化しつつ、全体を捉え[*24]ること。また、教育学者の矢野智司先生は宮沢賢治の『鹿踊りのはじまり』などは「一見すると鹿が擬人化されているようにみえるが、実はそうではなく、鹿たちの踊りを見ている人間が鹿の言葉と姿に魅せられて鹿化しているのだ[*25]」と述べています。そして、このような事態を指して矢野先生は「逆擬人化」と名付けています。

＊23　奥野克巳・山口未花子・近藤祉秋編『人と動物の人類学』春風社、二〇一二年。
＊24　鎌田東二『南方熊楠と宮沢賢治――日本的スピリチュアリティの系譜』平凡社、二〇二〇年、二七四頁。
＊25　矢野智司『歓待と戦争の教育学――国民教育と世界市民の形成』東京大学出版会、二〇一九年、一三九頁。

鎌田先生もこの語を引用してその重要性を述べています。ふつうの擬人化ではなくて、全体を捉える方法としての人格化、あるいは逆擬人化。普通の擬人化というのは、要するに、非人間をヒューマン・スケールに落とし込むような方法ですよね。そうではなく、もっとダイナミックに、自分が非人間と一体となって、すべてを生捕りにする感じというか……。その時におそらく大きな感動が生まれ、共振する感覚になるのではないかと思います。

石井：僕の恩師の鎌田さんもなかなかよいことを言っているんですね。偉そうですが（笑）。これは人間という概念を解体する方向性の話ですよね。現代社会では、人間があまりにも特化され、特別視されていて、生物ピラミッドの頂点にいるかのような存在として祭り上げられすぎている。それを一旦すべてぶち壊して、元の初原的同一性に戻すという方向性の話であり、一つの方法論として、とてもわかりやすいし、伝わりやすい話だと思います。

そういう分子生態学的なミクロの世界にいったん自分を置いてみて、そこに「直入」してみると、宇宙というものが無限に広がっていく。自分が大宇宙の中の一つの点で、粘菌も縄文も点で、他のすべても点で、分子原子レベルまで行くと、その点の中身もスカスカ状態の私たちは、すべての存在と対称的な存在となり、溶け合えるような、そういう感覚と言えるでしょうか。

唐澤：そうですね……。例えば、顕微鏡を見たり、瞑想をしたりでもいいのですが、それらの実践では、最初、ミクロの世界に、あるいは自分という個の中にクローズしていく感覚があるのですが、それを突き抜けた先には、実は大宇宙が広がっているわけですよね。だからクローズは結局オープンだと言える。大抵はクローズしたところまでしか行けないのですが、実はその先に広がっている初源的なものが見えてくる場がきっとあるのではないでしょうか。熊楠には、そこまで入り込む強烈な集中力みたいなものがあった。岡本太郎もそうだろうと思います。

石井：「瞬間」という岡本太郎がよく使う言葉があります。この「瞬間」には過去・現在・未来が凝縮しているという話は前にもしたかと思いますが、「瞬間」はすべての時間が濃縮した、一つの点で表現できます。例えば、太郎が「瞬間、瞬間、瞬間に爆発する」と言う時、これは時空を超えた大宇宙と自己の合一を意味するので、熊楠とは逆にマクロな世界にひらき続けていくイメージになりますね。

自己というクローズドないのちが、宇宙に無限にひらいていく、その濃密な点である瞬間、瞬間のいのちの爆発に、色でない色、形でない形、無音の響きがわきおこるのであるとしたら、その瞬間という宇宙の四次元的な時空間に自分が身を投げて、ひらいていくことで芸術が生まれてくる。今の唐澤さんのお話に引きつけるならば、そう言いかえられるかもしれない。

唐澤：確かに。ただ、私も含めて皆、その開いていくところまでなかなか到達できないですね。そこまで身を投げる勇気がないのかもしれません。それは私たちが、自己とか現代のロジックに縛られてしまっていることが原因の一つですが、少なくとも、その先があるという自覚は必要だと思います。

石井：それを理解できる人たちがあまりにもマイノリティだから、マジョリティの理解できない人たちが、それを理解するために説明を求める。なかなか言葉に変換しにくい現象を言語化しようとすると、それによって、その現象は劣化していくことになる。そうするとますますわかりにくくなる、そういう悪循環が起きているように思います。

今の芸大美大の教育は、熊楠や太郎が言っているようなこととは真逆のことを学生に強いていますよね。人間を解体していくのではなく、人間を特化していく方向に、人間をひらいてオープンにするのではなく、どんどん閉じていく方向に向かっている。個性とか独自性を出せとか、あるいは言語化しにくいものをコンセプト化して説明しろ、と言われても土台無理な話です。そういう一般的な流れに逆行するような熊楠や太郎的な感性を持っている学生は、美大に居続けられなくなり、ドロップアウトしてしまうのではないかと心配になってくる。

唐澤：そうですね。ただ、いかに突き抜けるかは重要なことである一方、その突き抜ける枠自体を知ることも大事だと思うのです。しかし、若い学生が、その枠を固めることだけに専心しては、もったいないですね。

私が今大学で教えているアーツ&ルーツ専攻は、少し変わっていて、美術家の藤浩志先生や彫刻家の皆川嘉博先生、絵画をされている村山修二郎先生、キュレーターの服部浩之先生（二〇二〇年当時）の他、石倉敏明先生のような人類学者、果ては私のような熊楠研究者もいる、多種多様すぎる専攻です。藤先生の名言で「ぎりぎりアウトを目指せ」というものがあります。安全圏から少しはみ出したところにこそ新しい価値が生じるということですね。そして、このぎりぎりの「際《きわ》」

を見極められるからこそアウト（外）に越境できる。この感性はとても大事だと思います。その「際」を十分に知らないまま美大をドロップアウトしてしまうのは寂しいですね。

一方で、私なんかは、よく学生にデジタル顕微鏡で撮影した粘菌を見せたりして、いかにして人間のタガを外してこの生命体に近づくことができるか、そして、その生命体からの視点をどうやって得ることができるか、みたいなことを真剣に考え、話をしたりしています（笑）。

石井：熊楠や太郎的ではない、ふつうの感性の学生は混乱しそうですが（笑）。

唐澤：まあ、アーツ&ルーツ専攻に来る学生はその辺を理解してくれていると思いますけどね。

石井：それは制作系の学生ですか？　それとも理論系？

唐澤：制作系です。学生たちは、さまざまな事象、事物の根元（ルーツ）を徹底的に調査し、そこからくみ出したものをいろんな媒体で表現していきます。石井さんが、先ほど太郎の「根源にさかのぼって、生きるとはどういうことであり、人間はそもそもどのような生き方をしたか……」という言葉を紹介してくれましたが、これはアーツ&ルーツ専攻の理念にとても通ずるものだと思います。

石井：なるほど。そこから熊楠・太郎的な作家が生まれてくる可能性は大いにありますね。

唐澤：そうだと思います。新しい何かが生まれてくる予感がしています。

石井：他の美大とは違う面白い学生たちが活躍してくれると面白いですね。

唐澤：そうですね。それがいわゆる美大の一般的なカリキュラムに抗いきれているかはどうかは、まだわかりませんけれども。

石井：僕が非常勤で講義している多摩美術大学でも、もう定年退職されてしてしまいましたが、鶴岡真弓さんのように、常識を疑い近代化や文明化の流れに抗う人たちは結構いますね。

唐澤：そういう人間を育てることができるのが本来の美大だと私は思っています。とはいえ、卒業後は多くの若者がこの社会で生きていかなければならない。そのためには社会常識的なものもやはり必要なわけです。ただ、あまりにも人間スケールに収まってしまうのも違う。そういうことを堂々と言えるのが美大であってほしいという気はしますね。

南方熊楠と岡本太郎の存在論的転回

――粘菌と縄文を中核として、「いのちの交歓」を取り戻すというようなお話がありましたが、そこには近代科学への挑戦、近代科学が培ってきた「人間」というものをまた解体していくというような方向に、南方熊楠も岡本太郎もあったように思われます。それが現代思想や現代人類学の分野でも、存在論的転回と呼べるようなかたちで捉え直しが行われつつある。石井さんのお話では、岡本太郎は一九五二年に「縄文土器論」を発表してこの存在論的転回を先取りしていたわけですし、南方熊楠は粘菌研究を通して、もっと前にそれを行っていた。その意味では、熊楠と太郎はまさにこの転回の先駆者だと言ってしまってもよいのかもしれません。その点、お二人はどのようにお考えになりますか。

石井：ええ、僕も彼らは存在論的転回の先駆者であると思いますよ。本物の多自然主義者です。

唐澤：私もそう思います。ただ、先駆者だと思うのですが、熊楠自身はそれを体系立てて述べるということをしていません。それをどのように現代の私たちが劣化させないで紡いでいくかということが重要であり、課題だろうと思っています。熊楠は人間を超えた粘菌の視点を確実に獲得していたと思います。粘菌的視座に立たないと、あれほど実感を伴った美しい言葉は出てこないですよ。そして、そこから彼は複雑に絡まり合う関係性を見つめ直した。それはつまり「南方マンダラ」のように密接錯雑する世界の関係そのものです。

石井：僕も太郎を先駆者とは言いましたが、結局、岡本太郎が発していることというのは、師であるマルセル・モースや盟友のジョルジュ・バタイユらの教えがあったからこそとも言えます。そのエッセンスを誤読しながら太郎が咀嚼して世に問うたことが先駆的に見えるだけで、もしかしたら、モースやバタイユが先行して書いていたことに片鱗が既に現れているかもしれない。

太郎は、同時代に生きた彼らの思想の捉え直しを、リアルタイムで実践していただけなのかもしれません。その捉え直しは、太郎自身の実体験と突き合わせると変奏的な語り直しになる。その象徴的な例が、岡本太郎の縄文であり、石なんだろうと思います。ですから、日本の文脈では先駆者ということになるでしょうけれども、その母胎となる考えは、太郎以前から語られていて、きっと人類学の中でも、哲学や思想史分野でモースやバタイユの贈与論が最近再考されているように、捉え直しが進んでいるのだろうと思います。

それはさておき、岡本太郎は実践していたけれども、世には伝わらなかった「いのちの本当のあり方」や「いのちの交歓」の奪還は、今、まさに求められていることだ、と僕は思います。岡本太郎が訴えていた高度経済成長期よりも、「いのちの本当のあり方」から随分と離れてしまった現代人が、石や木、風や雨、海や山といった森羅万象、つまり人間以外の存在とのつながりを、いかに取り戻すことができるのか。

それは縄文時代の生活に戻れということではなくて、過去とはまったく違うかたちになるにせよ、人間中心主義を捨て、熊楠や太郎のような多自然主義に立脚した結い直しを実行しなければ、おそらく、持続可能な社会の実現なんて到底無理だろうと思います。

唐澤：同じようなことは、熊楠の言説を通じて、そして私自身の粘菌観察を通じて考えたりしますね。つまり、現代というのは、みな深いつながりを求めるよりも、上を目指す、上昇志向なわけです。アイデンティティを持って、自己と他者を区別し、成長して自己実現をして「成功」したいと思ったり、あるいはそれに付随して自己責任も強烈に問われたりもする。Z世代の「個」に対する意識は、私たちの世代とはまた違うかもしれませんが、まだまだ日本の多くの組織にはそのような圧力が見られます。しかし、それは粘菌的に言えば、子実体になって弱まり死に向かいつつあることです。アイデンティティなんか曖昧でも、変形体のように増殖と連結をくり返していく予測不可能な姿のほうがむしろ、根本的な生命のあり方ですよ。

石井：人間ではなく初原的な森羅万象のモノへと戻っていく。かつてはそれができたのはシャーマンでした。彼らは社会的にも重要な役割を担っている、と人々に認識されていた。ところが、現代社会でそういう存在は無用の長物扱いですね。地方ではまだ辛うじて残っているかもしれませんが、都市では本物はほとんど表には出てこない。ほぼ存在しないことになっている。もしかしたら、実践宗教学哲学者の鎌田東二さんはそういう人物かもしれませんが、基本、社会に制度として残ってはいない。崩壊してしまっているように思います。

そういう初原的な元の一つのモノへと戻っていく経験をしてしまった人間が、つまはじきにされる現代社会では、彼ら彼女らはいったいどうしたらいいのか、その受け皿がない。そういう学生が芸大や美大に来た時に、それに応答可能な教員がどれだけいるのか。行き場がなくなっている感じがします。ですから、太郎や熊楠のような感覚を持った人は、こういう社会だと非常に生きづらいと思いますし、そもそも経験や体験をどのように誰と共有したらよいのかもわからない。大学からも社会からもドロップアウトしてしまい、その先に自ら死を選んでしまう可能性もありうることを考えてしまうと、決して他人ごとではない。僕は、岡本太郎の言葉に救われて、どうにか今も生きながらえていますが、生きづらさを感じている人は多いと思うんですよね。

もちろん、現代社会でそれを再制度化するのは難しいことであるのですが、生きづらさを感じる人々を、かつては伝統宗教が救い上げていたように思います。仏教や神道はまさにそうですね。僕は資格だけ持っているペーパー神主として好き勝手にやっていますが、フリーランス神主の鎌田東二さんも好き勝手にやっている。これが正解なのかはわかりません。ただ今の仏教も神道も形骸化しているように思います。少なくとも生きづらさを感じる人々の受け皿にはなっていない。金儲けにまい進する新興宗教や霊感商法にひっかかる人が多いのは残念ですが、古来ずっと続いてきたものの改革などはできないとしても、そういう問題で困っている人たちに対して、芸術と宗教はどう対応するのかというのも、あらためて考えていかねばならない切実な問題だと思います。

唐澤：本当に生きづらい世の中だなと思います。もちろん今の日本で飢え死にすることはほとんどないと思います。しかし、精神的に生きづらい。現代日本の若者の自殺率の異常な高さがそれを如実に語っています。熊楠が今生きていたら、本当に大変だったと思いますね。そもそも、アートは、ラテン語のArsとも関連があって「生きる術」ですよね。生きづらい人たちがどういうふうに生きる術を美大で学んでいくのか。私は、アートに宗教の役割を担わせようとは思わないのですが、その本質的なところを鑑みるのであれば、その生きる術をどのように引き出していくかは非常に大事だと考えています。

石井：そういう意味では、なぜか教科書にも載るようになった岡本太郎という存在は大きい。今は、若い人たちや幼稚園児も《太陽の塔》を知っています。けれども、そこで語られる岡本太郎像は表面的なものにすぎません。「縄文土器論」にしても、みんな縄文と弥生の対置という表面的なところに食いついているだけです。けれど、くり返しになりますが、太郎が本当に言いたかったことは、「四次元との対話」であり、「見えない力に呼びかける」呪術のことです。その見えない世界との対話の中で、太郎が目指していた芸術とは何だったのか。

それを、存在論的転回のようなアカデミアの新潮流とも重ねつつ、もう少し掘りさげて世に伝えることは、生きづらさを抱えている美大の学生やアーティストたちの心の支えにもなるのではないかと思います。表面的・表層的な部分だけではなく、もっと深いところに降りた時、どういう岡本太郎が出てくるのか。この対話でも少しは見えてきたかもしれませんが、これを次の世代に伝えていかなくてはならない。それは、岡本敏子から託された僕の役割の一つだと考えています。

第六章　未来の南方熊楠、未来の岡本太郎

南方熊楠研究の現在

——前章では、粘菌と縄文という南方熊楠と岡本太郎の核心的な部分を見ていくことで、やはり二人の思想の共通性が浮き彫りになってきたと思います。その上で、今日の存在論的転回のような潮流の先駆者として、熊楠も太郎も位置付けられる点を確認してきました。それは現代に生きる私たちが陥る袋小路に、別の回路を指し示してくれるような存在としても語られうるわけですし、その中で、石井さんがおっしゃっているように表層をなぞるのではない、深いところで熊楠や太郎を理解していくことの実践が求められていくということだろうと思います。その意味では、今後の南方熊楠研究、岡本太郎研究というものが非常に重要な仕事になるわけですが、本書の最後に、未来への展望についてお話を伺えればと思います。

唐澤：まず、現在の熊楠研究の動向について少し説明しますと、基本的には非常に綿密な実証研究が中心的です。そこには、ここで全員のお名前をあげることはできませんが、武内善信さんや松居竜五先生、田村義也さん、私たちと同世代だと志村真幸さんたちの血の滲むような努力があります。実証的研究のマスターピースとしては、松居先生の『南方熊楠――複眼の学問構想』[*1]があげられます。志村さんは、『ネイチャー』や『ノーツアンドクエリーズ』を詳細に調べ、熊楠が当時の国際的知的空間で果たした役割を明らかにしています。[*2]現在は、熊楠が残した日記にとどまらず、メモ書きなども翻刻する――それはほとんど解読作業に近いのですが――ことが積極的に行われています。そして、いわゆる「熊楠伝説」と呼ばれるもののうち、何が「事実」で何がそうでないのかをきちんと分けて明らかにしようという研究がなされています。それは、いわば熊楠を「丸裸」にする試みとも言えます。他方、熊楠の思想の核を明らかにしようとする思想研究もあります。熊楠の言説の典拠元を調べて、一体誰の言葉に依っているのか、どの文献の影響を受けているのかを調べるものです。それらは重要な研究なのですが、私は、やはりそのような研究だけでは足りないと考えています。いわゆる熊楠の「やりあて」に関しても、熊楠伝説の一つとして位置づけられることがあります。私自身、そのような位置づけを真っ向から否定するつもりはありませんが、個人的には「やりあて」に関して言うならば、嘘かそうではないか、伝説かそうではないかという位相とはちょっと違うのではないかという気がしているんです。熊楠によるそのような事柄に関する記述は山のようにあります。ここまでそういう記述事例が多いと、パラノーマルかつシンクロニック

＊1　松居竜五『南方熊楠――複眼の学問構想』慶應義塾大学出版会、二〇一六年。
＊2　志村真幸『南方熊楠のロンドン――国際学術雑誌と近代科学の進歩』慶應義塾大学出版会、二〇二〇年。

な「発見」というものを彼がどう考えていたかという根本的な姿勢を考える必要があると思います。つまり、熊楠はそういう事柄に何かしらの強い「意味」を見出していたわけで、それは単に面白おかしいからということではないだろうし、自己顕示欲の現れとも少し違うはずです。彼は、そのような現象を真剣に研究していました。例えば、熊楠が、ナギランという珍しい植物の発見について夢の告知や幽霊によって示唆されたというふうに書簡や論考で述べたのはなぜなのか。それをただ単に熊楠のパフォーマンスであったり、法螺であったりというような結論に導いてしまっては、あまりにももったいない。彼は、そのような事柄を真摯に叙述しています。客観的なあるいはいわゆる科学的な研究とは違うかもしれませんが、一度このような熊楠の言説を、心理的事実として丸ごと信頼してみることも大事なのではないでしょうか。そこから新しい熊楠像が見えてくると思うのです。

私たちは、少し人生をふり返って考えてみれば──これは「絶対」と断言してもいいのですが──、シンクロニックな出来事というものに一度は遭遇しているはずです。単なる「気のせい」では済まされない不思議な出来事をまったく経験したことがない人はいないと思います。ところが、私たちの多くは、それを知っていながら認めない、信じないというところがあります。近代科学、そしてそれを根本から支えている論理的な思考(フォーマル・ロジック)がその考えを邪魔するのかもしれません。もう少し言うなら、同一律・矛盾律・排中律というものに対する絶対的な信頼ですよね。しかし、シンクロニックな出来事というものは、そういう論理の三原則を一挙に吹き飛ばしてしまう。非因果的に物事が連関し、矛盾するような事柄が同時に生起してくる。そういう論理的な思考をある意味では無化してしまうような「夢」の思考やシンクロニシティを考えるには、根本的な「知の組み換え」のような作業が必要になるのではないかという気がしています。そのためにも、今一度、熊楠が語る言葉を真に受ける、真っ向から受け止めてみることは、私たちにとって決して無駄なことではないはずです。

岡本太郎研究の現在

石井：今、唐澤さんがおっしゃったことは、主語を岡本太郎に変えてもまったく同じことが言えると思います。ただ、僕はベースが考古学ですから、美術史や美学、芸術学方面での岡本太郎の研究動向に逐一目を通しているわけではありません。そもそもの話、僕自身は岡本太郎の研究者であるという意識が希薄です(笑)。太郎は研究対象というよりは命の恩人なので、その恩返しの一環で取り組んでいるという感じですね。いずれにしても、岡本太郎の研究はまだまだ少ないですし、個々の作品論にしても、やられていないことは山ほどある。もう少し、美術系の研究者が増えてこないことには、岡本太郎の全貌も明らかにはされないだろうと思います。

一方で、考古学をベースにした話をするならば、この対談でくり返しとりあげている太郎の「縄文土器論」は、一九五二年が初出ですが、その後、ベストセラーになった『今日の芸術』(一九五四年）での文体の平易化を経て、平易な文章に直した縄文土器論を収録した『日本の伝統』が一九五六年に刊行されます。この本は、ベストセラー本の続編的な位置づけだったので、太郎の縄文土器論は『日本の伝統』で広く一般的に知られるようになったという経緯があります。

では、考古学者たちの反応はどうだったかというと、考古学者たちは完全無視を貫き通してきました。酷いケースでは、当時の縄文時代研究の権威が監修した大手出版社の大型美術本に、太郎の縄文土器論の剽窃論考を堂々と掲載するなどもしています。黙殺してきた歴史が半世紀続いたわけですが、僕の考古学の恩師である小林達雄先生が、二〇〇一年に岡本太郎と縄文について書いたものがあります。[*3] おそらく、これが考古学の権威的な学者が岡本太郎について書いた本格的な最初の論文だと思います。

この経緯を少し話しておくと、僕が大学に入学した第一週目の講義後に、小林先生に岡本太郎の話をしたら「君、面白いから研究室の呑み会に来なさい」と誘われ、研究室で毎週酒を酌み交わしながらいろいろと話していたのですが、小林先生も当初は岡本太郎に対しては否定的でした。ただ、大阪万博準備の当時、《太陽の塔》に展示する世界中の民族資料を集めるために、日本人の人類学者が世界中に散らばっていたのですが、当時、小林先生はアメリカに留学中で、その収集活動への協力依頼があったそうです。岡本太郎の活動に間接的に協力したことはあっても、とくに関心をもったわけでもなく、「岡本太郎は天才だからね」とおっしゃるくらいでしたね。

唐澤：まあ天才であることは間違いないと思いますが。

石井：太郎本人は、才能なんてものはないと全否定していますけれどね（笑）。その後、数年経ったのち、小林先生から間接的に岡本敏子さんを紹介してくれと言われ、二人を引き合わせて対談が実現し、そこから二人が仲良くなり、おそらく小林先生も敏子に背中を叩かれ、川崎市岡本太郎美術館からの原稿依頼なども重なって岡本太郎と縄文をテーマに書くということになったのだろうと思います。そこから小林門下の弟子たちが、少しずつ意識し始めて岡本太郎を引用したり、岡本太郎の作品を縄文の展示に同居させたりするようなことが散見されるようになりました。しかし、ほとんどが表層的なものに終始しています。

二〇一八年、東京国立博物館で開催された特別展「縄文――一万年の美の鼓動」が三十万人もの来場者を集めたことで話題になりましたが、展示の最後尾で一九五一年に岡本太郎が東博で出会った縄文土器や、一九六四年に太郎が撮影した土器や土偶などの展示がされていました。実に六十七年もの空白期を経て、ようやく東博でも太郎の業績が取り上げられたものの、本質に切り込むようなものではありません。

その後も現在に至るまで、「縄文土器論」の前半部分にあたる縄文vs.弥生の図式がいく度となくとり上げられることはあっても、表面的にしかとらえられていない。縄文がいい、弥生がいいみ

＊3　小林達雄「岡本太郎と縄文の素顔」『岡本太郎と縄文展』ＮＨＫプロモーション・川崎市岡本太郎美術館、二〇〇一年、七―一一頁。

たいな話ばかりなんです。確かに太郎もそういうことを言ってはいる。「縄文土器論」の前半では、徹底的に弥生を貶めて縄文を称揚していると読める書き方をしてはいるのですが、それは当時の時代背景を受けてのことであって、当時、まったく無視されている縄文を世に知らしめるには、日本の伝統に連なる弥生的なものを徹底的に叩き潰さなければならない、という戦略から誇張して書いている。

けれども、「縄文土器論」の一番の本質というのは、これまでくり返し話してきましたが、「四次元との対話」にあるんです。そこがほとんど掘り下げられていないという状況がずっと続いている。おそらく、この状況は芸術学や美学の分野でも同じだと思います。岡本太郎が言っている呪術というものに真正面から取り組んだ研究者は、人類学者の今福龍太さんくらいでしょうか。

今福さんも岡本敏子に背中を叩かれて岡本太郎論を書き始めた世代の一人で、太郎のリバイバルに取り組んでいた敏子が、直接背中を叩いたことで太郎論に取り組んだ方々は、ここでは書ききれませんが、美術史の山下裕二さん、美術評論の椹木野衣さん、民俗学の赤坂憲雄さん、芸術文明史の鶴岡真弓さんなど、多様な分野に多くの研究者がいます。ところが、その下の世代の層が薄い（笑）。僕の同世代と下の世代になると、直接敏子と関わったのは、同世代では美術史の春原史寛さんや成相肇さん、少し下の世代の小金沢智さんくらいでしょうか。他にも何人か太郎の研究をしている美術史の方々はいますが、絶対数が少ないですね。

唐澤：確かに、言われて見ればそうですね。不思議です。

石井：いずれにせよ、岡本太郎が創作の中で最も重視していた「四次元との対話」とは一体なんなのか。太郎が言っている呪術とはなんなのか。コンテンポラリーアートの中では、そういうものはもう古臭くて、シュールレアリスムのように一九三〇年代のパリの芸術運動でやり尽くされていて、その古い問題を戦後に持ち出してくる岡本太郎は退行としか思えない、というのもわからないでもない。しかし、モースの薫陶を受け、バタイユとともに思想を鍛え上げた岡本太郎が、日本に戻って縄文に出会い、そこから人間の本性奪還を主張する時に持ち出してきた「四次元との対話」は、進歩をめざす芸術アカデミアからすれば退行に映るかもしれないけれど、本質的な問題だと思うのです。

「四次元との対話」は、第三章でも話したように、物にじかに触れるということがとても重要です。触れることでまさに対象物に没入し合一する。そのような感覚です。これの感覚は、素材を支配し、コントロールしようとする現代美術よりも、どちらかと言うと、伝統工芸や職人の世界に息づいているものだと思います。

例えば、かつて自然にある石を加工せずに積み上げ、数百年も崩れない城の石垣をつくった穴太衆という職人集団がいました。その石積みの伝統は、現代ではもう一つの家にしか伝えられていません。第十五代目穴太衆頭の粟田純徳さんは、代々、石の声を聞けと教わってきたと言います。粟田さんの会社のホームページ冒頭には「穴太衆積は自然の石を自然の形に積み重ねていくところに特徴があり、石の心がわかり石の声が聞こえてはじめて一人前といわれます[*4]」とも書かれています。

それは比喩的な表現も含んでいるとは思うのですが、どういうふうに組み上げていけば、その石が安定した形で積み上がるのか、石に触り、石を読み、石と対話し、石の声を聴き、石に従うことで石そのものがここに置いてくれと言っているように聞こえてくる。自然石しか使わないそうなのですが、すべての形を把握し、その自然石をどこに置くのか、その組み合わせが的確に見えてくる、聞こえてくるという。それで安定した、コンクリート製の石垣よりも崩れにくい石積みができあがるわけです。

これは何も石工の世界だけではなく、陶芸の世界においても、あるいは網籠の世界においても、彫金の世界においてもそうでしょう。現代美術家や美術評論家などよりも、伝統工芸を引き継いでいる人たちのほうが、岡本太郎をリスペクトしているのかもしれないと思う時があります。触覚を使ってものを生み出している人たちが感じている、素材の声を聞く、「四次元との対話」的な技術を、これからはもっと重視していかなければならない。

岡本太郎が「芸術は呪術である」という時、その語りによって、一体何を言いたかったのか。その真意はどういうことなのか。それをもっと掘り下げていかないと、芸術の根源や本質は見えてこないだろうと思います。

唐澤：芸術にも呪術にも、やはり「触れる」ということが絶対に欠かせませんね。触れることを通じて、その内部に入り込むことができるのはもちろん、それによって実は、空間把握能が大幅に拡充すると思います。対象の性状や形状を把握することは、その「背後」にあるものにも気づくことができると思うんです。触れることで、鋭い「察知力」も鍛えられる。それはつまり、気配を敏感に感じ取る能力です。縄文人にとって、特にこの力は大事だったと思います。少なくとも、今の私たち、つまり現代社会を安心安全に暮らしている人々より鋭敏だったはずです。獲物を狩るということは、常に獲物から自分が食われるという可能性も孕んでいますよね。だから、常に命がけだった。そのような中では、自分の今触れているものをしっかりと把握し、かつその対象や自分自身の背後や遠隔にまで皮膚感覚を拡張していかねばなりません。つまり、目に見える三次元的空間だけではなく、もっと高次元を察知しなければなりませんよね。そして、この力が鈍ってしまうと、やはり当然、芸術の根源や本質は捉えることができなくなるでしょうね。

現代科学を乗り越えるための南方熊楠と岡本太郎

石井：縄文時代の土器や土偶、そこに刻まれた文様の研究にしても、現代の僕たちとはまったく違う論理でつくり出されたものを、僕たちの論理で解釈しようとしても到底見えてこないでしょう。そういう時に、岡本太郎の「四次元との対話」という、これまであまり注目されていない部分に目

＊4　株式会社粟田建設ＨＰ http://www.anoushu.jp/（二〇二四年三月一日閲覧）参照。

を向けて、そこから論理を組み立てていくことが重要だと思います。

それによって正解に辿り着けるかどうかは別としても、僕たちの常識をいったん捨てて取り組んでみることが必要なのではないかと思うのです。よく講演や講義で使う図があるのですが、ここではその図を見ていただいたほうが、わかりやすいかもしれません。

岡本太郎は「人間中心主義は嫌いだ」と言っています。人間中心主義の世界観では、いわゆる生物ピラミッドもそうですが、人間が世界の中心にいる、人間が世界の頂点に立つ特別な存在だという考え方です。この図は、そこから脱してみて、一度、人間が頂点に君臨するピラミッドを、逆さまにひっくり返してみましょうということです。たったそれだけですが、まったく違う物の見え方になり、世界観が変わってしまう。

唐澤：面白いですね。そこで、今思い出したのですが「逆さ地図」もまさに同じですね。環日本海・東アジア諸国図とも言われるものです。これはただ日本地図を南北逆さにしただけのものですが、それだけでまったく様相が変わって見えます。日本海がまるで大きな湖のように見えてきます。すると、日本海側地域が、アジア諸国の玄関口であることがよくわかります。そして、暗くて寂しい日本海側地域のイメージが一変するんです。すみません、余計な口を挟みました。続きを。

石井：まさしくそれと同じことです。このように僕たちの価値観をまずひっくり返した上で、自然物が頂点に君臨する世界とはどういうものかを考えてみる。おそらく、縄文時代の人たちも、岡本太郎も、先住民も、人間以外のモノを畏怖している、だからこそ、支配しコントロールするので

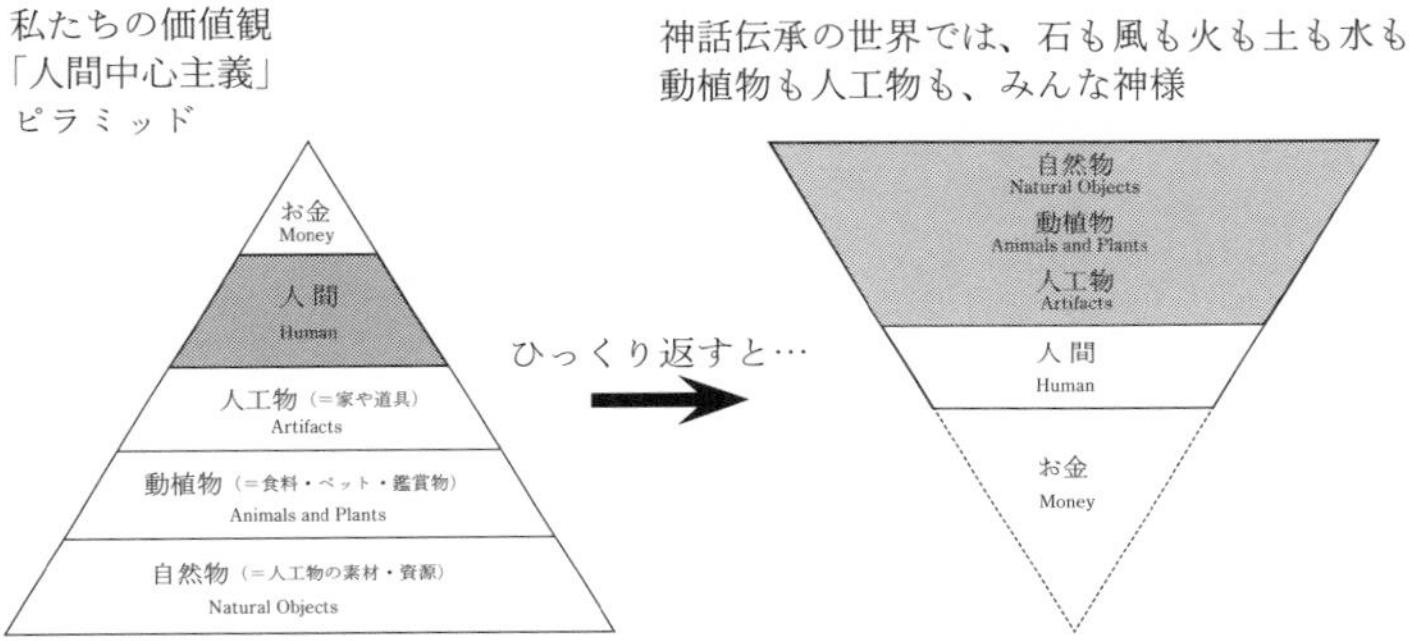

古代以前の日本列島の価値観がよくわかる

はなく、この図の先にあるのは、どちらかといえば、一蓮托生のフラットな関係性を保っていた世界観ですね。これを対称性と言いかえても同じことでしょう。ものづくりにおいて、つくり手が対峙しているのは、上下の関係ではないフラットで対等な関係としてのモノである、という捉え方から考えなければ縄文土器のようなものが何なのか、見えてこないと思います。

ものづくりについて改めて考えてみると、近代以降、僕たちは自然物や動植物を、ものづくりの素材・材料・資源としてしか捉えられなくなっている。世界全体を統括し、支配し、コントロールする主体者として世界に君臨する人間が、自然物を素材として利用して、加工し、人工物をつくる。この場合、つくられたものはつくった人間よりも下位の存在と見なされる。僕たちの価値観では、この人間と物の主従関係は絶対的でゆるぎません。こうした近代的な製造に対して、芸術家たちや工芸作家たち、職人たち、あるいは縄文土器のつくり手たちの制作は、製造のような主従関係ではなく、つくり手と素材がフラットな関係性にあるはずです。それが、太郎で言えば「爆発」や「四次元との対話」や「いのちの交歓」、熊楠で言えば「直入」や「タクト」、つまり、他人である素材と触れるところからスタートして、素材と融合し、合体してしまう。その過程を経て、作品ができあがり、分離して自立していく。これが作品制作のプロセスだろうと思うのです。

ところが、物を支配する人間という僕たちの価値観のままでは、土器は、人間が粘土という客体の素材に形を与え、焼いてやるからできる、オレサマが作ってやった人工物にすぎない。土器はただの土鍋であり、現代美術の作品は商品としてしか扱われなくなる。こういう現代人の論理からすれば、岡本太郎が言うような「四次元との対話」は意味不明だし、何を言っているのかまったくわからない（笑）。理解不能でお手上げということになってしまう。

だから、まずは唐澤さんも言っていたように、真摯に南方熊楠や岡本太郎が言っていることに耳を傾け、彼らの論理とは一体何なのか、それは僕たちの論理とはかなりかけ離れたものかもしれないけれども、そうした考え方に触れ、僕たちの価値観を問い直してみることがまず必要だろうと思います。そうすると、職人たちも同じことを言っている、先住民たちも同じことを言っている、これはいったいどういうことか、となるはずです。

それがこれからの「岡本太郎学」というようなものになるのかどうかはわかりませんが、少なくともそのような岡本太郎の、少々「アブナイ」側面といったらよいのか、僕たちの価値観では何なのかよくわからない側面にも光を当てなければ、岡本太郎の全体像は見えてこない。結局、今までのように表面だけなでる取りこぼしをしてしまう。

唐澤：そうなんですよね。おっしゃるように、人間と非人間とのフラットな「アブナイ」次元に立った時に見えてくるものもあると思います。重要なことは、岡本太郎も南方熊楠も、そのフラットな次元と、そこから分岐した次元とを柔軟に行き来できるような人間だったことですね。そういった人たちが発する言葉というのは、パトスが溢れ出ていて、私たちにとっては一種独特で奇妙なことも多いのですが、それを正面から受け止めることで初めて開けてくるものもある。熊楠の文章などを読んでいると、もうなんと言うか時空間が歪んでくる。多分、これは私だけではないと思います。例えば、中上健次も「南方熊楠のものを読みますと、時間の観念をなくしていくようなところがありますね。言い換えれば、時間のサイクルの外に出してしまう力があるような気がします」[*5]と述べています。特に日記なんかは、日本語、英語、ラテン語、ロシア語などが入り混じって、いろんな箇所に棒線で挿入があって、ふつうに読んでいると頭でとても整理しきれない。ここに夢の話なんかが出てくると、さらに大変です。それを混沌のまま受け止めることは、とても難しいことです。しかし伝わってくるものは確かにある。熊楠への解像度を上げるには、頭で整理して理解しようとすることの限界をまずは知らなければならないと思います。熊楠が醸し出す「風合い」を

＊5　中上健次・谷川健一「知識の散財・想像力の解放——南方熊楠をめぐって」『南方熊楠——開かれる巨人』河出書房新社、二〇一七年、一六九頁。

感じ取ることがとても大事。そういう意味でも、彼の直筆日記を手にとって読んだり、彼が歩いた道を実際に歩いたりしてみることには大きな意味があります。熊楠そのものが持つ肌理《きめ》の豊かさは、そういう実践を通してわかってくるものです。

石井：ですから、僕が評論家や考古学者たちに言いたいのは、頭だけで考えていても何もわからないという話なんですよね。実践し肌感覚でつかまないと、岡本太郎が言っていることは何なのか、熊楠が言っていることは何なのかはわからない。僕は、そういう意味で考古学を座学で学びながら、アルバイトで毎日発掘調査をし、神主の資格を取り、作品をつくるということを学生の時は同時並行でやっていました。つまり、宗教と芸術と学問の三つ巴の接点から、どのようにしたら三者を結い直し、組み直すことができるのかということに、学生の頃からずっと関心があったんです。実践を通して見えてくることは本当にたくさんある。それを実証するとなると、話は別になりますが。

ただ、自分が実践の肌感覚でつかんでいることを、岡本太郎が言っていることと照らし合わせてみると、とても納得がいく。岡本太郎はこういうことを実践していたから、こういう発言をしていたのか、なるほどなあと腑に落ちるわけです。しかし、それは実証主義者には理解されないでしょう。そこは肌感覚でつかんでもらうしか解決策はないのかもしれないけれど、同じ実践をすれば、同じ感覚を得られるかどうかはまた別問題ですね。

第一章でも話しましたが、岡本太郎自身は、マルセル・モースのもとで民族学を学び、論理的かつ客観的な視点から対象を捉えるという訓練をやっている一方で、バタイユらの秘密結社に入会し、はたから見れば怪しい宗教的な儀礼を行っていますから、人類学の理論と宗教的実践を同時にやっていたわけです。だからこそ、岡本太郎は縄文土器に「四次元との対話」を見出すことができた。けれども、その点がなかなか一般の学者には伝わらない。

唐澤：実践の第一歩が、まさに触れるということですね。私は今、粘菌にハマっているのですが、粘菌に触れるということを始めてから、熊楠のことはもちろん、粘菌のことをより深く知れるようになったと実感しています。夏場は毎日構内の資材置き場で粘菌の採集とか観察を行っていて、学生たちからは完全に「アブナイ」と思われているでしょうね。朽木にへばりついていて粘菌を見ていますし。ただ、やはり深い次元にダイブするには、まずじかに触れるということがどうしても大事だと思うのです。

熊楠は、人間がもし数量計算や物理学的な事実というものを知らなかったとすれば、一番大切になるのは「タクト」だと言っています。「タクト」というのが全てを知る唯一の方法になるということを述べています。[*6] 第五章でも述べましたが、要するに「触知」ですね。熊楠は、それこそが唯一の方法であり、そしてそこから新しい心の科学が見えてくるのではないかと言うわけです。[*7] 「タクト」によって捉えた心の作用を知ることにより、熊楠はいわゆる夢告だったり、幽霊による知ら

＊6　南方熊楠「一九〇三年七月十八日付土宜法龍宛書簡」『往復書簡』三一三頁参照。
＊7　同前書、三一三頁参照。

せであったりというものを深く理解することができることを知っていたのではないでしょうか。それらを「わざ」と言ってもいいと思います。そういうことは、物理学でも心理学でも扱われていない、いわゆる近代科学の範疇にはなかなか当てはまらないと熊楠は考えていた。私たちも、そこに、新しい学問の在処を求めてもよいのではないでしょうか。

科学は「効率」「能率」を求めます。それとは相反するとも言える熊楠的な「わざ」の重要性はもっと強調しても良い事柄です。彼自身このように述べています。

能率とか何とか云て器械の如く時計を手にして事の挙る遅速を計るなどは本当の能率を知る法に非ず。事になるるときは脳の働きが時間を超絶し一時に多方に一斉に働らき申候。三絃を引くものが初めは指を動かすにのみ気を付るが、おひおひ上進すると唄ふ節から調子が指さきの運動につれて何れが前何れが後といふことなしに一斉に働らき申候。*8

つまり、直線的な、原因-結果の単純な思考法ではなく、非直線的な、多方向的で同時・同所発生的な思考法が大事だということ。その時「脳の働きが時間を超絶」する。熊楠が例としてあげる三味線の演奏のみならず、私たちの生活自体、多くがこのような「わざ」で成り立っています。一つのことに集中しているようでも、それに伴う思考や行為は実に多様です。マルチタスクが苦手という人がときどきいますが、シングルタスクなるものをふり返ってみれば、その中にはさまざまな要素が複雑に絡まり合っています。例えば論文を書くというタスクがあった場合、思考と文字を書くということはもちろん、思考の中でも、同時に違うアイデアが生じたり、まったく関係ないようなものが頭の中でくっついたりすることがありますよね。

生きるための南方熊楠、生きるための岡本太郎

石井：唐澤さんのご著書やSNSなどで書かれていること読んでいて、南方熊楠と岡本太郎はつながっていると感じることが多々あります。もちろん違うところもありますが、二人はとても似ていて、根本的な核心のところでとても響き合っている。なぜ、今まであまり比較されてこなかったのか不思議なくらいです。今、現代で最も求められている本筋のことを、時代は違えども、それぞれ変人とか異端児とか言われながらも熊楠と太郎が追求し、己が信じるものを追求してきたことが、ようやく今なら少し伝わるのではないかなと思います。

ですから、期せずして同い年の唐澤さんが熊楠と同じ視点で粘菌に迫るということを実践されているというのは、僕にとって非常に心強いことです。唐澤さんが突き詰めていく南方熊楠像と、僕

＊8　南方熊楠「一九二六年六月二十三日付平沼大三郎宛書簡」『南方熊楠 平沼大三郎往復書簡［大正十五年］』南方熊楠顕彰館、二〇〇七年、一三三頁。

が深掘りしている岡本太郎像が、おそらく今後、複雑に絡み合いながら一本の線を指し示し、ずっと閉塞感にさらされている日本人に、光を照らすようなものになるのではないか思います。さらに言えば、実証主義的な科学一辺倒の人たちの中にあっては、あぶれてしまうような、本当に生きづらいと感じているマイノリティの人たちにとっては、あなたたちこそが王道なんだよ、と一つの道を指し示すことができるのも、熊楠と太郎なのではないかと思います。

偉そうなことを言うようで恐縮ですが、僕自身もそうなのですが、社会やアカデミア、コミュニティーからつまはじきにされて困り果てているような人たちの指針というか救いの手になれば本望です。今回の対話がそのような機会をつくるきっかけになれば嬉しいですね。

唐澤：岡本太郎は芸術家で、南方熊楠は博物学者、あるいは民俗学者、生物学者と言われています。全然、接点はなさそうな二人ですが、こうして石井さんと話してみると、実は深いところでつながっているという事実がまざまざと現れてきました。おそらく石井さんと私だけではなく、日本人の割と多くが熊楠と太郎は「どこか似ているよね」と直感的に感じ取ってきたのではないでしょうか。けれども二人の「分野」あるいは「領域」は異なるし、生きていた時代も違う……。そこで思考が止まっていたところを、私たちの対話によって、うまく二人の根本的な類似点と相違点を浮き彫りにすることができたのではないかなという気がしています。

実はこの試み、つまり熊楠と太郎の比較については、千田智子さんが二〇〇五年にエッセイの中で少しだけ述べているんです。千田さんは、両者はコスモポリタニズムと土着性へ関心を向けたことで共通しているのではないかと言っています。[*9] 確かにそうですね。そして、私たちの対談では、そこからさらに深く入り込み、海外体験から、両者の方法論、あるいは彼らの死生観、自他論などにも触れることができたと思います。両者を本格的に比較研究する萌芽は既に二十年ほど前に出てきていたわけですね。そしてそれが今、花開こうとしているのかもしれません。

他にも、両者の比較について言うならば、二〇一八年に映画『太陽の塔』（関根光才監督[*10]）が公開されましたよね。関根監督は、この映画の中で熊楠と太郎の接点を見出そうとしています。つまり、太郎の精神と熊楠の精神の類似性に鋭く気付いていて、それを映像というメディアを介して表そうとしたわけです。実は私も少しだけ出演していて、第一章で述べた熊楠の時間感覚、つまり過去・現在・未来が今この「瞬間」に収まる感覚について話をしています。この映画からも、分野や領域の異なる二人の巨人を結びつけようとする兆しが見られると思うのです。

ところで、熊楠はこんな言葉を残しているんですよ。

されば何とか、今日の科学智識をそれぞれ専門の科学を増進する方に用ゆる外に、……（中略）…さし当たり其専門学に関せざること迄に及し、相応に世用に立てたきことに候。[*11]

＊9　千田智子「岡本太郎と南方熊楠――〈比較〉を超えて」『季刊 東北学』第四号、東北芸術工科大学東北文化研究センター、二〇〇五年、三一頁参照。

＊10　関根光才監督『太陽の塔』、『太陽の塔』製作委員会、パルコ配給、二〇一八年。

ここからは、要するに、それぞれの専門分野・専門科学というものがあるけれども、それらの中だけで知識や得られた成果を役立てていくだけではなく、異分野同士をつなげていくことの重要性について熊楠がよく理解していたことがわかります。つまり、一見分野違いとみなされがちな物事を越境してダイナミックにつなげていくことを、熊楠は明らかに目指していたのです。そして、その実践の萌芽として、私たちの話も位置づけることができるのではないかと思います。今回、石井さんと対談を実施して、切り離されていたものが次々と接続されていく知的興奮を毎回感じていました。

石井：僕もそうですね。唐澤さんが熊楠を通して語ることのいちいちが、岡本太郎もそうですという確認作業の連続でした。太郎と熊楠はこんなにもつながるのかという点で、知的な興奮を覚えるとともに、孤立していると思っていた太郎の仲間が「なんだ、ここにいたじゃないか」とも思うわけです。熊楠と太郎という二人の知の巨人が、実は同じ地平を見ていて、同じようなことを掘り下げて、そこから日本文化の根本にあるもの、人間の根源にあるものを引き出そうとしていたわけですよね。

おそらく、知の「極北」に位置するような人間たちは、おしなべて皆そういう方向性、そういう道を辿っているのでしょう。人間とは何かという、ごく当たり前の問いが、そういう人たちを結びつけていて、僕自身も同じようなことをやっているからこそ共鳴できるのだと思います。

唐澤：そして、そういう人たちの言葉は美しいですよね。岡本太郎にしてもそうだし、熊楠にしても、いちいち言葉が美しい。私たちがそういう言葉に敏感に反応して、それを真摯に受け止めるということが、まずすべき事柄なのではないかと思います。私は、熊楠を「事実」か否かで暴くだけではなく、彼が用いる言葉の語感や行間の不思議なトーンみたいなものを大事にしたい。「やりあて」とか「タクト」とか、語感もいいし、独特の雰囲気がありますよね。もちろん、こう言っているからといって、実証研究を蔑《ないがし》ろにするわけではありませんよ。

石井：ええ、それはもちろん、僕もそうですよ（笑）。

唐澤：そういう言葉を、どういうふうに深めていくかは、私とか石井さんの重要な仕事ではないかという気はしますね。

石井：ええ、そうですね。僕の場合、太郎の生き字引のような自称太郎巫女の岡本敏子の存在も非常に大きかったですね。「あなたこれをやりなさい」と具体的に言われたわけではないけれども、彼女が亡くなるまで、ずっと家族のようなおつき合いをしてくださっていて、最後は今、渋谷駅の構内に設置されている《明日の神話》の回収と修復にまで関わることになった。これだけは「あなた、メキシコに行きなさい」と言われて、言われるがままにメキシコまで行き、帰ってきたら亡くなっていたという……。

生前、敏子さんに具体的に指示されたことは何もないんですけれど、僕には何か託されたものが

＊11　南方熊楠「一九二六年二月二日平沼大三郎宛書簡」同前書、二三頁。

あって、それを実現しなければならない。それが具体的に何かというのがよくわからないまま突き動かされているという感じです。ただ一つ、はっきりしているのは岡本太郎を乗り越えねばならない、ということですかね。太郎はピカソの抽象画に出会って感動し、その瞬間に乗り越えてやると決意したらしいのですが、僕も二十歳の頃に、敏子さんの眼の前で「岡本太郎を乗り越えてやる」と宣言してしまって、太郎とともに仕事をされてきた方々にボロカスに言われるという経験をしました（笑）。敏子さんだけは擁護してくれましたけれど（笑）。

岡本太郎は僕にとっては命の恩人であり、彼の言葉がなければ、今ここに存在していなかったかもしれない。その恩返しをしたいという気持ちもありますし、僕にとっての敏子さんは、もう一人の母親のような親友のような存在で、彼女と過ごした時間はかけがえのないもので、多忙な最中、毎日のように話し相手になってくれた彼女にも救われています。太郎と敏子が果たせなかった思いは、何らかの形で、僕の中に流れている、そう思っています。

それは岡本太郎を研究し、敏子がやったような岡本太郎を布教するという活動ではなく、石井匠として何を打ち出せるのかというところが重要で、それが結果的に岡本太郎を乗り越えることになるのかもしれません。ただ、岡本太郎と敏子に救われた命なので、太郎が生前にやれなかったことを引き継ぎ、新しいものを打ち出すことが、自分がやるべき仕事だと思っています。今回、唐澤さんという同級生と話しながら、その再確認ができました。これほど心強いことはないですね。

唐澤：今、石井さんにとって岡本太郎は命の恩人だという話がありましたが、実は私もある意味で南方熊楠に命を救われているんです。これは、あまり人前で語ったことはないのですが……。

石井：ああ、本当ですか。

唐澤：学部を卒業した後、三年間、某企業でいわゆるサラリーマンをやっていたのですが、その頃に精神的に参ってしまって、本当に死を意識していた時期がありました。読書ばかりして気を紛らわせていました。現実逃避のような感じ。手当たり次第、本屋でザッピングして買っていましたね。いわゆるジャケ買いもたくさんしました。そんな時、ふと熊楠の「南方マンダラ」が目に入ったんです。鶴見和子さんの『南方熊楠――地球志向の比較学』[*12]の中で見たわけですが、「なんだ、この図は。こんな面白い人がいるのか。この人の思想を知らずに、人生諦めるわけにはいかんな」とその時、真剣に思ったんです。まさに、熊楠と「南方マンダラ」に出会ってしまったわけです。これも「やりあて」ですね。その時、変な勇気が湧いてきたんですよ。それで、熊楠の研究を本格的にやるために会社を辞めて大学院に入り直したんです。そこで那須政玄《なすせいげん》先生が哲学的思考とはなんたるかを徹底的に教えてくださいました。また中沢新一先生が私に色んな知的示唆と機会を与えてくださいました。それが今につながっている。ですから、私の人生を暗い淵から最初に引き戻してくれたのが南方熊楠だったと思っています。もちろん、決して熊楠の劣化コピーになるのではなく、私が私でありながら、熊楠の思想をさらに展開していきたいですね。

＊12　鶴見和子『南方熊楠――地球志向の比較学』講談社、一九八一年。

熊楠との出会いがなければ、今私はここにいなかったかもしれない。そして石井さんと同じように、彼の思想を乗り越えていくことこそ、熊楠のみならずいろんな方々への恩返しになると思っています。

石井：そうでしたか。僕も十九歳で受験浪人をしている時に、なぜ自分が大学へ進学し、考古学を学ぼうとしているのか疑問に思い始めてわからなくなってしまった。それが「俺は何のために生きているのか」という問いに行き着き、自殺のことしか考えられなくなった時期がありました。その時に最後の救いを求めたのが、岡本太郎でした。昔どこかで開催された岡本太郎展の図録だったと思いますが、東京都現代美術館の図書館でそれを開いた時、そこに「絶望を彩ること、それが芸術だ[*13]」と書いてあった。

もう、それでぱあっと視界がひらけて、今まで何で死のうと思っていたのか、もうどうでもよくなってしまって、図書館でずっと泣いていた。「死ななくていいんだ、生きてていいんだ」と思えるようなったんです。その半年後、大学入学直前に、大学から徒歩圏内に住んでいた岡本敏子に出会うという奇跡が起きた。そういうつながりがあるので、敏子が亡くなってしまった後、自分がやらねば誰がやる、という気持ちが強くなりましたね。

＊13　岡本太郎『誰だって芸術家』ＳＢクリエイティブ、二〇二三年。

あとがき

石井　匠

いつの頃からだろうか。太郎が熊楠によく似ているかもしれないと思いだしたのは……。はっきりと覚えているのは、その「かもしれない」が確信に変わったのが、唐澤太輔さんの『南方熊楠の見た夢』（勉誠出版、二〇一四年）を読んでいた最中である。その後、以文社の大野真さんから唐澤さんとの対話のお話をいただいた時には、時宜を得たと微笑んだ。

「まえがき」で唐澤さんは、「素晴らしい感性と同時にそれを極めて的確な言葉で表現できる稀有な研究者」と僕のことを評してくださっているが、もったいないお言葉であり、唐澤さんにこそふさわしい言葉である。というのも、対話の音源起こしの僕の発言を読み直してみるならば、発言者本人である僕自身、いったい自分が何を言いたいのかよくわからない発言が多い。それだけならまだしも、話の途中であちこちに飛び火していく。これでよく対話が成立していたなと思うと、唐澤さんの苦労が目に浮かび……、ご厚情、痛み入ります。

とにかく、僕はひっくり返したおもちゃ箱のような発言だらけで、自分でも辟易しつつ、過去の自分の言いたいことの背景を探りながら、己の発言を咀嚼し、反芻し、どうにか他者が読んでも理解できる文章に整えることができた……と思う。

さて、唐澤さんの「まえがき」には、僕らの対話の時期が記されている。あれから三年以上の時間が経過してしまった。これには諸般の事情が重なっているのだけれど、僕の事情によるものが大きいため、理由を付しておくことは必要だろう。一言でいえば、生きづらい社会のならわしに僕の心が押しつぶされてしまった、という事に尽きる。

これを冗談交じりにかみ砕けば、僕の少年時代のＲＰＧにはなかったデバフ呪文の重ねがけを受けたことによって、身動きが取れなくなってしまった、ということである。言霊とはよくいったもので、デバフ呪言の重ねがけが、ここまで人の精神を蝕むものだとは、体験してみなければわからない、という意味では貴重な体験ではある。

とはいえ、私事により多大なるご迷惑をおかけし続けてしまった唐澤さんと大野さんには大変申し訳なく、この場をお借りしまして深くお詫びを申し上げます。頓首再拝。

ところで、最近、「生きづらさ」という言葉をさまざまなメディアで目にする機会が多い。私たちとは異なる時代に生きた南方熊楠と岡本太郎も、それぞれにさまざまな理由の生きづらさを感じながら、それでも負けずに生き抜いたことは唐澤さんと僕の対話の中でも折に触れて話題に上がっている。

熊楠も太郎も誤解を受けやすい性格だと思うけれど、一見すると超人のように見えて、二人とも、とても繊細な心を持っていて、いつも傷ついていた。傷つきながら、血だらけになりながら、泣きじゃくりながら、それでも生き続けた。そのさまは、日本神話のスサノオノミコトを彷彿とさせるけれど、二人は弱い心身の人間でしかなかった。二人はスーパーマンなどではなく、一匹の蟻と同じ、ただの一人の人間であったことは強調しておきたい。

唐澤さんとの対話を終え、僕から南方熊楠∽岡本太郎のポイントを一つだけ挙げるとすれば、それは、近現代社会においても、二人とも錆びない野生の心を持ちつづけ、それを磨き上げ続けていた、ということだろうか。

だから、生きづらいと思ったら、僕らは熊楠と太郎が野生の心で描いた新世界地図を頼りに、それぞれが、それぞれに、二人が描いた地図を更新しながら生きていけばいい。これほど心強い羅針盤はないかもしれない、と強く思う。

最後に、生きぐるしさと生きづらさのどん詰まりで、もがき苦しんでいた十九歳の僕が、岡本太郎に「死ぬな！　生きろ！」と命を救われた言葉を記し、あとがきをしめくくることにしたい。

生きる瞬間、瞬間に絶望がある。
絶望はむなしい。しかし絶望のない人生も空しいのだ。絶望は、存在を暗くおおうのか。
だれでも絶望をマイナスに考える。だが、逆に強烈なプラスに転換しなければならない。

絶望こそ孤独のなかの、人間的祭りである。

私は絶望を、新しい色で塗り、きりひらいていく。絶望を彩ること、それが芸術だ。

絶望するとき、あたりがくろぐろと淀む。そのむなしさを抱きながら、私はまったく反対の世界をひらくのだ。

絶望のブルー。眼の前に、透明なブルーが流れている。そしてその向こうに、紫のニュアンスがすっと切り抜ける。そして、キラッと真っ赤な線がひらめき、そのなかを舞うのである。

それが、絶望の色。リズム。


——岡本太郎『誰だって芸術家』SBクリエイティブ、二〇二三年

著者紹介

唐澤太輔
（からさわ・たいすけ）

1978年、兵庫県神戸市生まれ。早稲田大学大学院社会科学研究科博士後期課程修了。博士（学術）。早稲田大学社会科学総合学術院助手、助教などを経て、現在、秋田公立美術大学美術学部アーツ＆ルーツ専攻ならびに大学院複合芸術研究科准教授。南方熊楠の思想や彼が研究した粘菌の生態などを哲学的に探求している。著書に『南方熊楠の見た夢――パサージュに立つ者』（勉誠出版、2014年、第13回湯浅泰雄著作賞受賞）、『南方熊楠――日本人の可能性の極限』（中央公論新社、2015年）などがある。

石井　匠
（いしい・たくみ）

1978年、静岡生まれの埼玉育ち。國學院大學大学院文学研究科博士課程後期修了。博士（歴史学）。現在、岡本太郎記念館客員研究員、国立歴史民俗博物館外来研究員など。芸術・宗教・学問を横断する芸術考古学者、ペーパー神主、時々芸術家。第2回岡本太郎記念現代芸術大賞入選。企画展覧会に「生きる尊厳――岡本太郎の縄文」、「いのちの交歓――残酷なロマンティスム」など。著書に『縄文土器の文様構造――縄文人の神話的思考の解明に向けて』（アム・プロモーション2008年）、『謎解き太陽の塔』（幻冬舎、2010年）などがある。

南方熊楠と岡本太郎
――知の極北を超えて

2024年6月15日　初版第1刷発行

著　者　唐澤太輔・石井匠

発行者　大野真

発行所　以文社

〒101-0051 東京都千代田区神田神保町 2-12
TEL 03-6272-6536　FAX 03-6272-6538
http://www.ibunsha.co.jp/
印刷・製本：中央精版印刷

ISBN978-4-7531-0385-0